Aprovisionamento e Contratação pública

A GESTÃO DE APROVISIONAMENTO NA ADMINISTRAÇÃO PÚBLICA E OS PROCEDIMENTOS PRÉ CONTRATUAIS NO CÓDIGO DOS CONTRATOS PÚBLICOS

(com as alterações introduzidas pelo D. L. nº 111-B/2017, de 31 de agosto)

Aprovisionamento e Contratação pública

A GESTÃO DE APROVISIONAMENTO NA ADMINISTRAÇÃO PÚBLICA E OS PROCEDIMENTOS PRÉ CONTRATUAIS NO CÓDIGO DOS CONTRATOS PÚBLICOS

(com as alterações introduzidas pelo D. L. nº 111-B/2017, de 31 de agosto)

2018 • Reimpressão

Pedro Almeida

Administrador hospitalar no Serviço Nacional de Saúde.
Mestrado em Gestão e Políticas públicas, pós-graduação em Administração Hospitalar, licenciatura em Direito.

António Cúrdia

Diretor de serviços financeiros na Administração Local.
Doutorando em Gestão, pós-graduação em Administração e Contabilidade, licenciatura em Gestão e Organização de Empresas.
Docente de Administração Pública e Ciências Empresariais no ensino superior.

ALMEDINA

APROVISIONAMENTO E CONTRATAÇÃO PÚBLICA
A GESTÃO DE APROVISIONAMENTO NA ADMINISTRAÇÃO PÚBLICA E OS PROCEDIMENTOS PRÉ CONTRATUAIS NO CÓDIGO DOS CONTRATOS PÚBLICOS
(com as alterações introduzidas pelo D. L. nº 111-B/2017, de 31 de agosto)

AUTORES
Pedro Almeida
António Cúrdia

EDITOR
EDIÇÕES ALMEDINA, S.A.
Rua Fernandes Tomás, n.ºs 76, 78 e 80
3000-167 Coimbra
Tel.: 239 851 904 · Fax: 239 851 901
www.almedina.net · editora@almedina.net

DESIGN DE CAPA
FBA.

EDITOR
EDIÇÕES ALMEDINA, S.A.

IMPRESSÃO E ACABAMENTO
PENTAEDRO, LDA

Dezembro, 2018

DEPÓSITO LEGAL
447101/18

ALMEDINA | GRUPOALMEDINA

BIBLIOTECA NACIONAL DE PORTUGAL – CATALOGAÇÃO NA PUBLICAÇÃO

ALMEIDA, Pedro, e outro

Aprovisionamento e contratação pública : a gestão de aprovisionamento na administração pública e os procedimentos précontratuais no código dos contratos públicos : (com as alterações introduzidas pelo D.L. nº 111-B/2017, de 31 de agosto). – (Manuais universitários)

ISBN 978-972-40-7669-0

I – CÚRDIA, António

CDU 346

Por vontade expressa dos autores, o valor auferido a título de direitos de autor da presente edição, reverterá integralmente para o CIRE – Centro de Integração e Reabilitação de Tomar.

Os autores agradecem à Dr.ª Paula Santos e Dr.ª Patrícia Gonçalves o apoio prestado.

GLOSSÁRIO

AP – Administração Pública
CCP – Código dos Contratos Públicos
CPA – Código do Procedimento Administrativo
CPC – Conselho de Prevenção da Corrupção
CRP – Constituição da República Portuguesa
DEUCP – Documento Europeu Único de Contratação Pública
DL – Decreto-lei
DR – Decreto regulamentar
ERP – Enterprise Resource Planning
IMPIC – Instituto dos Mercados Públicos, do Imobiliário e da Construção
JOUE – Jornal Oficial da União Europeia
LCPA – Lei dos Compromissos e dos Pagamentos em Atraso
OE – Orçamento do Estado
UE – União Europeia
TC – Tribunal de Contas
VRS – Vendor rating system
RCM – Resolução do Conselho de Ministros

PREÂMBULO

A aquisição de bens, serviços e empreitadas representa uma enorme fatia do orçamento do Estado, sendo esta matéria regulada pelo Código da Contratação Pública.

Trata-se de uma matéria vista essencialmente numa perspetiva jurídica, como não poderá deixar de ser. Todavia, tratando-se de uma temática complexa, pluridisciplinar e em que o próprio processo de tomada de decisão, a racionalidade, as políticas de ordem económica e social, se consideram fatores de extrema importância que não podem por isso ser desligados do alcance e escopo do assunto em apreço.

O Código da Contratação Pública deve ser visto não só como a metodologia de cariz legal, mas também como um instrumento promotor de transparência, potenciador de mercado concorrencial e de valor para os agentes.

Aproximar o planeamento e os contributos da logística, assim como a negociação e a ética, aos aspetos jurídicos, é uma abordagem diferente que este livro nos proporciona. Salienta-se ainda a vertente prática que os autores introduzem mediante a apresentação de ferramentas de qualificação de fornecedores e modelos de avaliação de propostas, contribuindo assim para a especialização daqueles que desempenham funções relacionadas com os processos aquisitivos, não só do lado do Estado, mas também do lado dos concorrentes e fornecedores.

O destaque dado à componente prática, conjugado com a aproximação de outras áreas do conhecimento, potencia favoravelmente dimensões como o tempo, custo, qualidade e legalidade de atuação, enriquecendo a metodologia a seguir nos processos aquisitivos e permitindo que a Contratação Pública se posicione com melhor estatuto e numa lógica mais abrangente e com maior transparência.

O presente livro conjuga estas vertentes numa perspetiva prática e disponibiliza algumas ferramentas aos utilizadores, contribuindo assim para o melhor desempenho dos profissionais que lidam com processos aquisitivos, quer atuem em nome dos contraentes públicos, quer atuem em nome dos concorrentes.

A redução do desperdício, a emergente procura pública orientada para resultados, o escrutínio e escrupuloso cumprimento dos princípios da atividade administrativa a que cada vez mais a Administração Pública está sujeita, são os grandes desafios que se vencem com o contributo de todos. Este livro é o nosso contributo, fruto da nossa experiência.

Os autores

INTRODUÇÃO

A logística teve a sua origem na deslocação, abastecimento e coordenação de tropas, no teatro de operações militares, levando ao conceito de produto e serviço servidos no local, no momento oportuno e na quantidade necessária que transitou para a atividade industrial e empresarial[1].

A globalização elevou a logística a um novo patamar, com novos mercados que é necessário abastecer, com fábricas em continentes distintos do dos consumidores finais, exigindo a movimentação de bens, muitas vezes perecíveis, em curtos espaços de tempo e a baixo custo. Estamos, portanto, na era da verdadeira cadeia logística, que tem como objetivo criar valor e que atua à escala global, impulsionado pelas tecnologias de informação e por empresas multinacionais que abastecem mercados e consumidores cada vez mais exigentes.

A esta realidade não é alheia a atividade do Estado, entendendo-se este em sentido lato. Desde a atividade diária de uma entidade pública empresarial, como um hospital, a um município, uma escola ou a uma força policial, todo o funcionamento da máquina do Estado carece de fornecimentos de bens e serviços para funcionar e atingir os seus fins.

Os Serviços Públicos são a âncora de coesão social, económica e política dos Estados. Aliás, o Tratado de Lisboa reconhece que esses serviços são um instrumento fulcral de desenvolvimento e uma base sólida para a ação da União Europeia (UE) no futuro. O próprio Tratado solicita à UE e aos seus Estados-membros que garantam que esses serviços funcionem com

[1] Cf. Carvalho & Encantado, 2006

base em princípios de ordem jurídica, económica, financeira e social que lhes permitam realizar a sua missão[2].

Por ano, mais de 250.000 entidades públicas são contratantes na UE e aplicam cerca de 18% do PIB desta na aquisição de bens e serviços, assumindo assim a segunda maior fatia da despesa pública, logo a seguir à despesa com pessoal.

Para assegurar a concorrência, transversalidade e uniformização entre os Estados Membros, a UE criou diretrizes que consagram limiares para a obrigatoriedade de publicitação dos procedimentos concursais no Jornal Oficial da União Europeia (JOUE). Essas diretrizes foram transpostas para a legislação interna de cada país, dando origem no caso português, ao Código dos Contratos Públicos (CCP), aprovado pelo Dec.-Lei 18/2008, de 29 de janeiro.

Dada a dimensão e complexidade do Código dos Contratos Públicos (CCP), este é por vezes, visto numa perspetiva essencialmente hermenêutica e numa dimensão e complexidade meramente jurídicas, faltando a visão de gestão e a prática na condução de um processo de aquisição, desde a avaliação da expressão de necessidades, integração com a política de compra da instituição, conhecimento do mercado e capacidade de prospeção do mesmo, até à condução processual do procedimento pré-contratual, sem esquecer o exercício de competências negociais, quer internas com os utilizadores, quer externas com os concorrentes / fornecedores e, não menos importante, dedicação e empenho na causa pública e na boa gestão de dinheiros públicos.

Em nosso entender, são estas competências, conjugadas com o conhecimento da tramitação processual prevista no CCP, de que necessita um especialista em contratação pública.

[2] Rodrigues, 2008.

PARTE I

APROVISIONAMENTO E ADMINISTRAÇÃO PÚBLICA

A logística, numa perspetiva empresarial, é reconhecida como fundamental ao sucesso organizacional, implicando uma análise estratégica profunda, um raciocínio e objetivos claros e adaptação constante para permitir a gestão em rede, acrescentar valor à organização e aos acionistas e obter e manter uma vantagem competitiva no mercado, através da gestão de fluxos físicos e informacionais[3].

Na Administração Pública, por outro lado, é difícil falar em logística fora do âmbito militar, exatamente porque nas organizações públicas falta, em regra, a reflexão estratégia e os objetivos claros, na medida em estas procuraram satisfazer necessidades coletivas e não atuam numa lógica de lucro nem apenas em mercados competitivos, não tendo como objetivo criar valor para acionistas mas sim prestar serviços essenciais à comunidade.

Por isso optamos, no quadro da Administração Pública, por falar em aprovisionamento, sendo esta a designação que utilizaremos para designar genericamente a atividade responsável por disponibilizar bens e serviços necessários ao funcionamento da organização, também denominada gestão de operações.

São hoje exigidas aos profissionais de uma atividade que se intitule de "aprovisionamento" capacidade de utilização das tecnologias de informação, trabalho em grupo e em rede, visão de conjunto, motivação, conhecimento multifuncional, raciocínio crítico, gestão do tempo, confiança e conhecimento dos domínios e regras de atuação.

O custo com aquisições, sejam estas de bens, de serviços ou empreitadas e que permitem o funcionamento de qualquer empresa ou entidade, seja pública ou privada, é relevante. No que respeita à Administração Pública

[3] Carvalho, 2004.

e na generalidade das empresas, os custos com recursos humanos são fixos, sendo relativamente estáticos e pouco elásticos. Já no que respeita à vertente de aquisições e investimentos, há maior margem para obtenção de ganhos ou poupanças com uma gestão inteligente, bom conhecimento do mercado e implementação de uma estratégia logística que gere e acrescente valor à organização.

Os equipamentos e os produtos de inovação assumem-se como críticos à qualidade dos serviços prestados. Pelo facto de serem dispendiosos, são normalmente a principal causa de crescimento destes custos. Conscientes disso, os gestores têm redobrado as suas preocupações com a problemática relacionada com aprovisionamento e com a eficiência quer do *procurement*, quer dos custos de armazenagem e distribuição[4].

Não basta aos serviços utilizadores, designação que atribuímos aos clientes internos do serviço de aprovisionamento, olhar apenas para o custo unitário dos produtos que consomem, porque para além do custo associado ao preço de compra, há uma estrutura cujo funcionamento visa obter, manter e fazer chegar ao local indicado, na quantidade e momento adequados, os produtos que esses serviços utilizadores necessitam para a sua atividade. Há, portanto, um custo adicional de aprovisionamento, o qual nos cumpre garantir que seja inferior ao benefício obtido pela aquisição.

Prestar um excelente serviço a baixo custo e com responsabilidade, são o desígnio da chamada "Logística Lean"[5]. Embora não seja novidade na literatura, a verdade é que, na nossa opinião, ainda não entrou verdadeiramente nas prioridades de gestão de muitas organizações públicas, o mesmo acontecendo com a Logística Verde[6].

Assistimos com regularidade a transformações no papel do Estado, em que se preconizam novos modelos de organização e se introduzem novas tendências que combatam o excesso de burocracia e agilizem procedimentos, procurando os melhores caminhos para a governação, o empoderamento e

[4] *Procurement é o termo* anglo-saxónico utilizado para designar o ato de aquisição de bens ou serviços ao nível empresarial ou profissional.

[5] Ou "Logística Enxuta". Filosofia de gestão de produção desenvolvida pela Toyota, que basicamente visa identificar num processo produtivo as atividades que criam valor e eliminar os desperdícios.

[6] A Logística Verde ou Ecológica foca-se na compreensão e minimização do impacto ambiental, dos modos de transporte, redução do consumo de energia nas atividades logísticas e redução do consumo de materiais.

visando obter resultados visíveis e mensuráveis[7]. Caminhos esses ancorados na mudança, na qualidade e nos valores, obrigando a um constante redesenho das regras de funcionamento dos serviços.

É essencial nesta área de atuação garantir o cumprimento dos princípios éticos e de rigor, por um lado porque a atividade de um serviço de aprovisionamento envolve o gasto de fundos públicos, estando sujeito a escrutínio e, por outro lado, sendo visto como um serviço íntegro, tenderá a trabalhar com fornecedores íntegros que lidarão com ele de forma clara e transparente.

As iniciativas para criação de valor nos processos de aquisição ou outros não podem comprometer as normas de conduta, sendo essencial o desenvolvimento de uma cultura interna de funcionamento ético e transparente, com definição clara das responsabilidades dos intervenientes.

Entendemos ser indispensável a um serviço de aprovisionamento clarificar a sua estrutura de funcionamento e definir os seus campos de atuação, como elemento essencial do funcionamento logístico da organização, com respeito pelos princípios éticos essenciais à sua atividade.

Citando José Crespo de Carvalho, "um sistema logístico é, essencialmente, um sistema de serviço. Servir bem é sempre um objetivo empresarial. Servir bem a baixo custo é, quase sempre, um sonho"[8].

[7] Ou *empowerment*, como muitas vezes é identificado o conceito.

[8] Carvalho, 2004.

Capítulo 1
Problemas na gestão de aprovisionamento na AP

A gestão de aprovisionamento na Administração Pública assemelha-se, por vezes, à imagem de um veleiro que procura navegar por entre escolhos. Na imagem seguinte identificamos aqueles que classificamos como principais problemas na gestão pública de aprovisionamento.

Figura 1 – **Escolhos na gestão logística da Administração Pública**

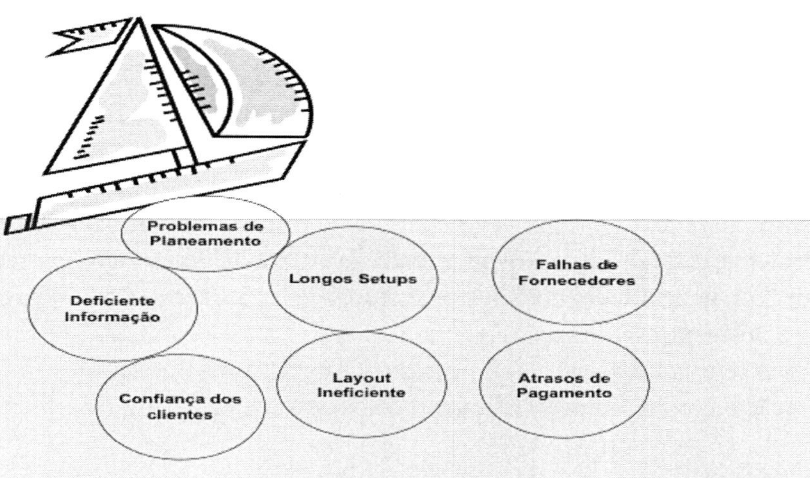

FONTE: Adaptado de Pinto (2006)

Problemas de planeamento

O aprovisionamento deve trabalhar por ciclos, com a preparação de processos de aquisição para períodos temporais definidos (normalmente anuais), avaliando proactivamente as necessidades dos serviços que serve.

Um dos problemas comuns aos serviços de aprovisionamento é a falta de planeamento dos ciclos de abastecimento e dos procedimentos de aquisição.

A elaboração de planos de investimento pormenorizados, com estudos prévios, com intervenção e responsabilização dos serviços utilizadores, contribui para aquisições e investimentos articulados e procedimentos formais, eficientes e céleres.

Deficiente informação

Nem todos os serviços públicos dispõem de um sistema de informação devidamente estruturado, que possibilite o acompanhamento sustentado e coerente do seu desempenho, nem permite facultar informação relevante, estruturada e concisa aos seus clientes internos.

O recurso ao Excel é uma prática habitual da nossa Administração Pública, ao invés do recurso a sistemas integrados de informação (ERP) que apoiam a realização dos procedimentos de aquisição, gestão de inventários, consumos e de existências, com ligação aos sistemas informáticos dos serviços financeiros.[9]

A falta de indicadores sistemáticos de gestão é também uma lacuna em muitos serviços. Alguns indicadores simples, como volume e valor de existências, consumos por artigo e serviço em quantidade e valor, são essenciais ao planeamento da atividade e definição de estratégias.

Layout ineficiente

A inexistência de regras claras, nomeadamente de manuais de procedimentos, dificulta o desenvolvimento da atividade do serviço, cria conflitos de "territorialidade" com outros sectores da organização e potencia os erros e a desresponsabilização.

A regulamentação e definição de regras claras de funcionamento, clarificação das competências e de protocolos de atuação permite clarificar quem

[9] ERP, sigla para Enterprise Resource Planning, são sistemas informáticos que integram os dados e processos e que ligam todos os aspetos de uma organização.

é responsável pelas várias funções, de que forma se integra na organização e qual o seu papel e compromisso com os objetivos.

Há organizações em que o serviço de aprovisionamento encontra-se muito compartimentado, com vários nichos e responsáveis. Um exemplo dessa compartimentação é a existência de um "setor de armazéns", de um "setor de conferência de faturas", ou de um "setor de compras gerais" ou, ainda, de um "sector de compras de património", com responsáveis diferentes mas cujas atividades na prática se cruzam e interligam.

Esta compartimentação, se excessiva, dificulta a comunicação e a articulação da função logística e resulta em rivalidades e ineficiências e cria dificuldades na cadeia logística e na transmissão de informação.

Em sentido contrário, em algumas atividades verifica-se existirem situações de profissionais comuns a sectores diferentes, não garantindo a segregação de funções que se tem por adequada a um correto controlo processual, constituindo um tratamento divergente e criando problemas ao nível das boas práticas, de que será (mau) exemplo a conferência da fatura ser feita por quem também emitiu a nota de encomenda ou geriu o procedimento de aquisição.

Demora no ajustamento ou adaptação (longos setups)

A Administração Pública reage normalmente com demora à necessidade de adaptação a novas realidades ou desafios. Sendo uma estrutura pesada, com vários graus hierárquicos e dependente de decisões de natureza política, a Administração Pública não tem, nem pode ter, a agilidade que uma empresa privada dispõe para fazer face a desafios do mercado, o que se reflete naturalmente na eficiência da sua atividade.

Por outro lado, a Administração Pública atua na prossecução do interesse público, pautando o seu comportamento por princípios como o da igualdade, transparência e legalidade, pelo que não lhe pode ser exigida a agilidade de um organismo de cariz privado, cujo objetivo é a obtenção de lucro.

Atrasos de pagamento e falhas de fornecedores

O crónico problema do atraso de pagamento a fornecedores, que tem nos hospitais do SNS um dos seus principais paradigmas, constitui um problema grave que contribui para que a Administração Pública assuma custos de aquisição mais elevados, porque obriga os fornecedores a precaverem-se contra esses atrasos e contribui para afastar potenciais fornecedores que não têm capacidade para os suportarem, restringindo a concorrência e aumentando custos.

O atraso no pagamento contribui para as falhas dos fornecedores e implica a tolerância das mesmas, já que quando não se cumpre há mais dificuldade em exigir o cumprimento a terceiros.

Confiança dos clientes (internos)

Os serviços de aprovisionamento nos organismos públicos sofrem, por vezes, de problemas ao nível da clarificação do seu papel, da sua importância e dos seus objetivos, que se traduz na falta de confiança dos seus clientes, que são os restantes serviços da organização.

Não é raro nos organismos públicos, sejam hospitais, sejam municípios ou outras organizações, todos se considerarem especialistas e capazes de "comprar", considerando-se no "todos" aqueles cujas funções principais não se integram na área de aprovisionamento ou logística. Não é raro encontrar realidades onde quem "compra" é o responsável do serviço de manutenção, informática ou os funcionários de um serviço de obras públicas e saneamento, entre outros, com a desculpa de que são quem melhor conhece o material a adquirir e a necessidade a suprir.

Temos assim encontrado realidades em que quem define a necessidade, caracteriza e define o objeto de compra, avalia propostas, escolhe o fornecedor, recebe o material e, ainda, confere a respetiva fatura, é a mesma pessoa ou serviço e que nada tem que ver com o serviço de aprovisionamento da organização. Entretanto, haverá "alguém" que faça a nota de encomenda e o procedimento formal de aquisição, ou seja, trate das "burocracias".

A esta realidade não será alheio o peso do ajuste direto na contratação pública, já que de acordo com o relatório "Contratação Pública em Portugal", do IMPIC, em 2016 o ajuste direto representou 92,4% do total de procedimentos pré contratuais realizados, correspondendo nesse ano a 47,2% do montante total contratado[10] [11]. Ou seja, a grande maioria das aquisições feitas por organismos públicos, é concretizada ao abrigo do procedimento de formação de contratos públicos com o menor grau de exigência ao nível da formalização e transparência.

[10] IMPIC – Instituto dos Mercados Públicos do Imobiliário e da Construção, I.P.

[11] O relatório Contratação Pública em Portugal pode ser encontrado em http://www.base.gov.pt/

Este cenário, se bem que com tendência decrescente hoje em dia pelas exigências legais no que respeita a aquisições públicas, ainda se verifica em muitos organismos públicos, com o fundamento falso de que é o serviço utilizador que sabe o que precisa e sabe o que é melhor para comprar, pois tem o conhecimento enquanto utilizador final do produto ou serviço.

Pode saber o que precisa, mas não sabe como o obter ao melhor preço, na quantidade necessária, no momento oportuno e de forma integrada numa estratégia global da organização, com mais-valias e criação de valor para a organização e de forma transparente.

Capítulo 2
O serviço de aprovisionamento

Apesar dos vários constrangimentos que possam pesar sobre um serviço de aprovisionamento, a sua atividade é essencial e deve pautar-se por um trabalho em equipa com os seus clientes – os serviços para os quais desenvolve a sua atividade e que designamos como serviços utilizadores.

Se é o serviço utilizador que sabe o que necessita, quem sabe como consultar o mercado, definir as regras do procedimento e cumprir as exigências legais e de transparência, é o serviço de aprovisionamento.

O serviço de aprovisionamento deve ser estruturado de acordo com as necessidades da organização, podendo possuir um setor responsável pelos procedimentos de contratação, outro pela receção, conferência e armazenamento dos bens adquiridos e outro responsável pela conferência de faturas, com colaboradores distintos para cada uma destas atividades. Alguns organismos atribuem a conferência de faturas ao serviço financeiro, devendo obviamente a organização corresponder às necessidades da instituição, à sua dimensão e ao volume de aquisições.

Assim, se se tratar de uma instituição com consumos elevados e que careça de armazenagem, poderá integrar na sua estrutura um setor de armazém, com receção, conferência, armazenagem e distribuição de produtos, responsável igualmente pela gestão de stocks. A organização de um serviço de aprovisionamento dependerá obviamente da dimensão e natureza do organismo em que se insere, mas poderá assemelhar-se ao exemplo seguinte:

Figura 2 – **Organograma de um serviço de aprovisionamento**

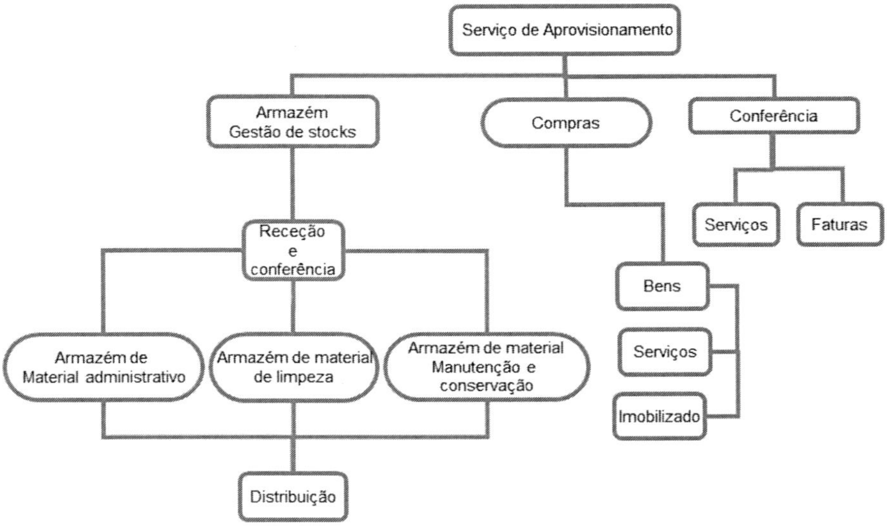

2.1. Segregação de funções

A segregação de funções serve como mecanismo de segurança, de minimização de erros e de controlo interno, assente no pressuposto que a função seguinte de um processo é assegurado por alguém que não executou a função imediatamente anterior e que não se encontram reunidas na mesma pessoa tarefas críticas do procedimento.

A segregação de funções é um aspeto relevante a ter em conta, em particular nos processos de compra (ou de contratação, na terminologia do CCP), e deve ser garantida para assegurar a isenção e transparência nos procedimentos.

Apresentamos algumas atividades em que a segregação de funções deve ser garantida:

Tabela 1 – **Segregação de funções**

Segregação de funções
Os processos de contratação são realizados por colaboradores distintos dos que participam na receção dos bens e na conferência das faturas.
Os pedidos de aquisição ou requisições são feitos por profissionais diferentes dos que emitem a respetiva nota de encomenda. O pedido de aquisição pode ser feito pelo setor de armazéns ou pelos utilizadores, sendo envido ao setor de contratação.
A conferência de faturas relativas a prestações de serviços é realizada por profissionais dos serviços utilizadores, sendo as notas de encomenda emitidas por profissionais do setor de contratação. A conferência de faturas pode também ser atribuída ao serviço financeiro.
A conferência de faturas de material é realizada por profissionais do armazém, com base na nota de encomenda enviada pelo setor de contratação e com base na fatura do fornecedor.
A conferência do material que chega ao armazém é assegurada por profissionais do armazém e, aleatoriamente, por profissionais dos serviços utilizadores.
As contagens de existências nos armazéns são realizadas pelos profissionais destes, mas com a presença de profissionais do serviço financeiro, designados para o efeito.

2.2. Contratação

Como forma de garantir a disciplina da função "contratação", é essencial aplicar alguns princípios básicos no funcionamento de um serviço de contratação pública[12].

Como já referido, não é raro encontrar alguma complacência com a função "contratação", admitindo-se competências para a sua execução em diversos serviços, que contactam fornecedores de forma descoordenada, solicitam e avaliam propostas e propõe adjudicações sem enquadramento formal ou material do serviço de aprovisionamento, em particular quando é possível o recurso a ajuste direto.

Esta realidade desresponsabiliza quem tem efetivamente esta função a seu cargo, retira-lhe o prestígio, a responsabilidade e a tecnicidade inerentes e necessárias e constitui um fator de perturbação na instituição.

[12] Por uma questão de simplificação, consideramos aqui a função de compra ou contratação como integrada no aprovisionamento, sem prejuízo de poderem constituir serviços distintos em algumas organizações, com um serviço de aprovisionamento responsável pela gestão de materiais (armazéns) e um serviço de aquisições responsável pelos procedimentos de contratação.

A imagem externa da organização é afetada, uma vez que não existe uma atuação consertada e uniforme perante os parceiros comerciais, realizam-se despesas desnecessárias e adquirem-se bens e serviços de uma forma desconexa, sem garantir a normalização de produtos, sem avaliar de forma coerente a introdução de novos produtos no consumo regular. Possibilita-se a celebração de contratos com novos fornecedores sem qualquer pré-avaliação, ou sem considerar uma estratégia negocial e de contratação integrada.

Cada organização tem as suas especificações estratégicas, estruturais e funcionais, devendo sistematicamente ajustar os recursos e métodos de trabalho a objetivos definidos. Na esteira desta premissa, a função "contratação" assume tal envolvência estratégica, económica e legal, que não deve ser pensada como uma mera fase do processo produtivo, nem uma simples tarefa de qualquer projeto ou evento, devendo ser assumida com autonomia funcional e com uma posição definida na estrutura orgânica.

Um serviço de aprovisionamento que funcione corretamente consegue aumentar o leque de fornecedores, aumentar a concorrência disposta a fornecer a sua organização, obtendo melhores condições contratuais e satisfazendo de forma muito mais eficiente as necessidades dos serviços utilizadores, garantindo o cumprimento da lei. Deve ser o interlocutor chave da organização com o mercado, não devendo ser permitido que outros ocupem este papel, sem prejuízo da indispensável colaboração na execução dos procedimentos de contratação, nomeadamente na elaboração das cláusulas técnicas das peças processuais e na avaliação de propostas.

A existência de "compradores" paralelos leva à perda de capacidade negocial, facilita conluios e favorecimentos e é uma barreira à concorrência e à entrada de inovação na organização. A falta de definição de políticas ou estratégias em áreas fundamentais ao funcionamento do aprovisionamento e de outros serviços, leva a decisões casuísticas e desconexas, sempre em prejuízo do erário público e das boas regras de gestão.

A responsabilidade da condução de qualquer processo de contratação pública cabe ao serviço formalmente competente, sendo essencial a colaboração deste com os utilizadores, que expressam a necessidade a satisfazer, colaboram na definição de características do produto ou serviço a adquirir e colaboram na avaliação de propostas. O aprovisionamento não atua sozinho, mas sempre em equipa com os serviços utilizadores, que são os seus clientes.

Em cada procedimento de contratação e de acordo com a respetiva complexidade e modelo legal, deverá ser assegurado pelo setor de contratação:

- **Peças processuais**

As peças processuais que instruem os procedimentos de formação de contratos, nomeadamente convites, cadernos de encargos e programas, elaborados pelo aprovisionamento e aprovados pelo órgão competente. Mesmo que a sua preparação ou revisão seja feita por outro serviço, como um gabinete jurídico, devem ser sempre alvo de avaliação pelo aprovisionamento e deve ser este a submeter à aprovação do órgão competente para aprovar o procedimento de aquisição, já que é este o responsável pela gestão do procedimento e, como tal, é responsável pelos documentos que utiliza na consulta ao mercado.

- **Critérios de avaliação de propostas**

Das peças processuais devem constar os critérios de avaliação de propostas. Os mesmos devem ser claros e objetivos, possibilitando aos próprios concorrentes ensaiar a pontuação que as respetivas propostas obterão.

- **Júri**

O júri (ou nos casos em que este não é obrigatório, uma comissão de escolha) é nomeado pelo órgão competente para aprovar o procedimento de aquisição, sendo composto por um número ímpar de elementos[13]. Deve integrar utilizadores do bem ou serviço a adquirir e membros do aprovisionamento e, quando necessário, deverá integrar peritos cujo parecer não é vinculativo.

- **Formalização e fundamentação das decisões**

As escolhas resultam da aplicação dos critérios previamente definidos, sendo sempre fundamentadas em relatório assinado pelos intervenientes.

[13] Ver art.º 67º CCP. A designação "comissão de escolha" não consta do CCP, mas optamos por esta designação para identificar o conjunto de elementos do serviço que, não se constituindo formalmente como júri, terá a incumbência de fundamentar a escolha da proposta a adjudicar.

- **Proposta de adjudicação**
  É o aprovisionamento que deverá propor a adjudicação ao órgão competente, com base na avaliação e fundamentação do júri, após verificação do cumprimento de todos os requisitos legais e procedimentais.

Mesmo em procedimentos de baixo valor e tramitação célere, há a necessidade de formalização de alguns passos, nomeadamente a aprovação prévia do procedimento e da despesa, escolha do fornecedor/proposta e a respetiva fundamentação.

As aquisições podem ser divididas de acordo com outros critérios. Por exemplo, um hospital pode considerar mais adequado, por uma questão de especialização, dispor de uma secção de contratação responsável pelas aquisições de produtos farmacêuticos, outra de material de consumo clínico, outra para material de manutenção, etc. Um município pode considerar a necessidade de ter uma secção de contratação especializada em empreitadas de obras públicas e outra vocacionada para compras gerais ou de produtos de consumo.

A atividade de um setor de contratação pode ainda incluir:

- A gestão e o controlo dos prazos de vigência dos contratos celebrados pela instituição. Pode eventualmente e se o número e complexidade dos contratos assim o justificar, existir um setor específico para esta tarefa;
- Análise da expressão de necessidades dos utilizadores, numa perspetiva económica e qualitativa e planeamento periódico (normalmente anual) das necessidades de consumo, com base quer no histórico dos anos anteriores, quer através de uma avaliação pró-ativa do desenvolvimento esperado dos serviços utilizadores e, ainda, definição dos procedimentos adequados à sua satisfação;
- Avaliação e escolha dos fornecedores;
- Análise das propostas ou apoio ao júri responsável por essa análise e apoio à negociação das condições de compra, no âmbito do procedimento adotado;
- Gestão da encomenda até à sua entrega e aceitação.
- Gestão dos processos de contratação, bem como elaboração e desenvolvimento dos suportes documentais, nomeadamente elaboração

de programas de procedimento e caderno de encargos, de anúncios, convites e minutas de contratos;

- Organização do suporte documental e gestão de informação relativos aos procedimentos contratuais;
- Apoio à fiscalização da execução dos contratos;

2.3. Armazéns

Segundo Reis e Paulino, a gestão física dos stocks trata de todas as questões ligadas à localização dos armazéns, princípios e métodos de armazenagem, tendo em vista a movimentação fácil, segura e económica dos stocks[14]. É o somatório de todas as tarefas, atividades e rotinas, que dizem respeito à transferência de materiais para dentro da organização e à gestão dos mesmos até serem consumidos ou entregues no processo produtivo.

2.3.1. Receção

Visa garantir que todos os artigos que integram o stock global do armazém são objeto de receção com o devido controlo.

A receção dos artigos realiza-se, por norma, nos armazéns e é assegurada por profissionais deste setor, com o objetivo de controlar e garantir que os fornecimentos satisfazem qualitativa e quantitativamente as condições expressas no contrato de aquisição.

A receção abrange os seguintes aspetos:

- Receção quantitativa: é a que se limita a verificar a identificação do artigo e a conformidade das quantidades encomendadas com as que efetivamente estão a ser entregues.
- Recepção qualitativa: destina-se a verificar o estado de conservação, embalagem, rotulamento, confecção, acabamento do produto e adequação às condições técnicas acordadas e referidas na proposta do fornecedor.

Para a receção qualitativa de determinados produtos, pode ser solicitada a colaboração de profissionais qualificados de outros serviços ou instituições, sempre que necessário.

[14] Reis & Paulino, 1994

Esquematização da receção:

Figura 3 – **Receção de produtos**

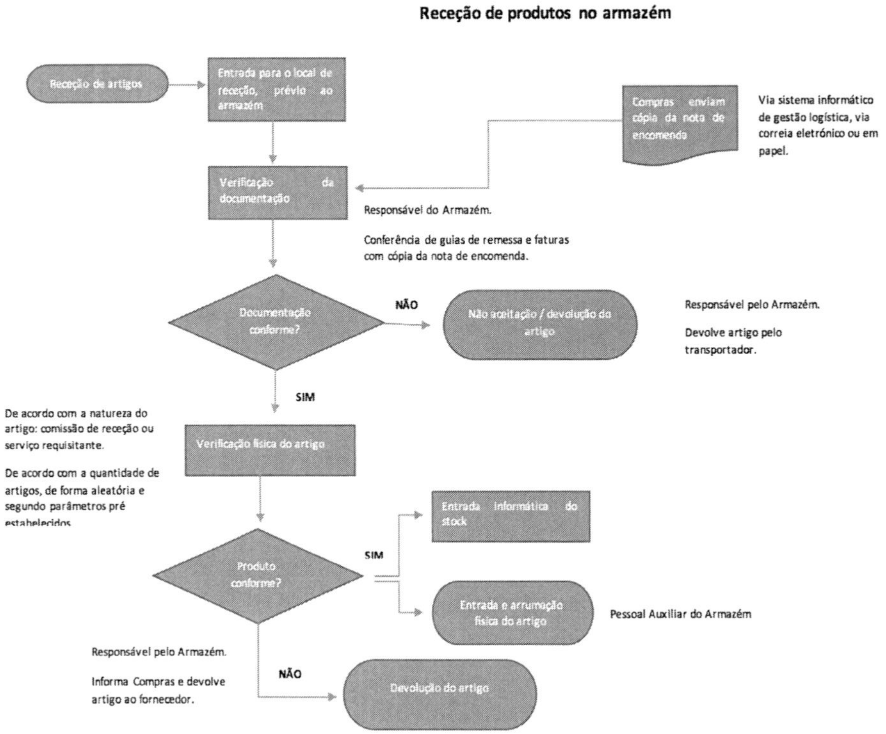

2.3.2. Arrumação

Após a receção, é necessário assegurar a arrumação dos produtos no armazém, podendo definir-se esta como a atividade de movimentação, conservação e arrumação de materiais desde a receção até ao momento da sua expedição para consumo, em local adequado em termos de localização, espaço físico, condições ambientais e condições de segurança e racionalidade.

A arrumação dos artigos deve em conta a necessidade de:

- Adequar o espaço disponível;
- Acautelar as condições face ao tipo de produto;

- Arrumar de acordo com o tipo de distribuição adotado (circulação de carros, *picking*, etc.)[15];
- Utilizar bases de retenção, para evitar derramamento de produtos líquidos;
- Garantir a segurança dos funcionários (v.g. evitar arrumação em altura, evitar a utilização de escadotes, queda de artigos);
- Garantir a limpeza e higiene do espaço e dos produtos.
- Adequar a armazenagem ao tipo e natureza do artigo;
- Minimizar riscos de contaminação e necessidades de esterilização;
- Controlar a temperatura ambiente e grau de humidade;
- Adequar à velocidade de consumo;
- Atender à ordem de entrada e de saída – *"first in, first out"* ou *"first expire, first out"*[16];
- Controlar prazos de validade.

Dependendo da organização e do número de referências em armazém, é escolhido o tipo de arrumação. Podem existir locais pré-definidos, com espaço reservado em prateleiras identificadas com o nome e código dos produtos, onde os mesmos são arrumados sempre na mesma localização e preferencialmente agrupados por famílias de produtos (exemplo: tinteiros, *toners*, material de conservação e manutenção, etc.).

Pode também encontrar-se informatizada esta informação, sendo então o sistema informático, na receção, a indicar ao operador a localização do espaço de armazenagem. Poderá também optar-se por uma localização aleatória, quando estamos perante poucos artigos e poucas referências, em que a localização dos produtos é definida quando os mesmos dão entrada no armazém (por exemplo, num estaleiro municipal, onde é armazenada areia, cimento, etc., de acordo com o espaço disponível).

[15] Recolha no local de armazenamento dos artigos certos, na quantidade certa, para entregar aos clientes e satisfazer as necessidades por estes manifestadas.

[16] Numa tradução livre: primeiro a entrar é o primeiro a sair ou o prazo de validade mais curto é o primeiro a sair. Os conceitos utilizados não são exatamente os mesmos que os critérios contabilísticos de custeio dos consumos.

2.3.3. Armazenagem

Em si mesma, a armazenagem não acrescenta valor ao produto, mas é essencial para que todo o sistema logístico possa cumprir a sua função. A gestão de armazém tem como função garantir a racionalização dos níveis de stock, primando pela sua redução a níveis que garantam um abastecimento seguro, evitando ruturas de stock mas com a maior rotação de produtos possível.

Os objetivos do armazém só podem ser cumpridos se estiverem reunidas as condições necessárias em termos de instalações, acessos, localização, dimensão e configuração dos mesmos. Podemos esquematizar a atividade do armazém através do seguinte fluxograma:

Figura 4 – **Armazenagem**

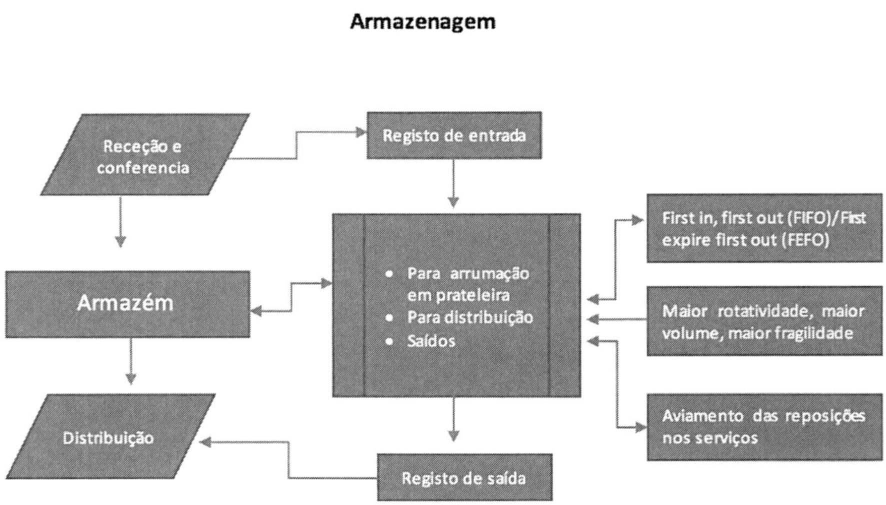

A racionalização das tarefas depende das condições e da gestão física das mercadorias, quer dentro do armazém, quer nas movimentações de entrada e saída, daí que a localização seja também um fator crítico quer em relação aos serviços clientes quer aos fornecedores.

O desenho ou layout do armazém deve permitir a minimização da distância total percorrida pelo pessoal que nele trabalha, facilitar o acesso aos artigos armazenados e permitir armazenar os produtos com maior saída ou rotação mais próximo da área de expedição.

2.3.4. Distribuição

É igualmente necessário assegurar um modelo de distribuição dos produtos, para que cada um dos serviços utilizadores tenha em seu poder os produtos necessários ao seu correto funcionamento, nas quantidades necessárias para o período de tempo acordado.

A distribuição, de acordo com o modelo que melhor responder às necessidades de cada organismo, deverá ter em conta:

- Consumos (quantidades/tempo);
- Níveis de stocks;
- Encomendas a efetuar;
- Prazos de entrega;
- Aquisições;
- Outros pertinentes à garantia de existência dos bens em armazém.

A forma como materialmente se operacionaliza a distribuição, depende das caraterísticas físicas dos produtos armazenados, da localização dos armazéns e dos serviços clientes, do espaço e condições que estes têm disponível para acomodar os produtos e para quanto tempo é previsto durar o abastecimento.

Produtos para realização de obras num município, tais como areia, tubagens ou cimento, carecem certamente de um espaço amplo para armazenagem, sendo a sua distribuição feita através de viaturas e com recurso a equipamento pesado. Produtos de consumo informático, como *toners* ou suportes de armazenamento digital, possivelmente serão armazenados em prateleiras e entregues em mão aos serviços cliente. Já um hospital, para material esterilizado, necessitará de armazenamento que garanta a manutenção da esterilidade dos produtos e fará a sua distribuição mediante níveis pré-definidos e através de carros ou plataformas rodadas.

São possíveis várias metodologias, de acordo com a periodicidade dos abastecimentos e natureza da organização. Entre outros métodos, pode optar-se por níveis pré-acordados com os serviços cliente, em que o armazém entrega em data certa uma quantidade e variedade pré-determinada de produtos; pode conjugar-se este método com uma avaliação prévia dos níveis de consumo e a entrega é apenas da quantidade consumida, podendo utilizar-se um sistema de dupla caixa[17].

Pode ainda, criar-se um armazém avançado (que funciona como uma extensão do armazém central), do qual o serviço cliente é responsável e de onde retira os produtos que vai consumindo, procedendo ao devido registo de consumo, cabendo ao armazém central a reposição do stock periodicamente.

Podemos esquematizar um circuito da distribuição da seguinte forma:

Figura 5 – **Distribuição**

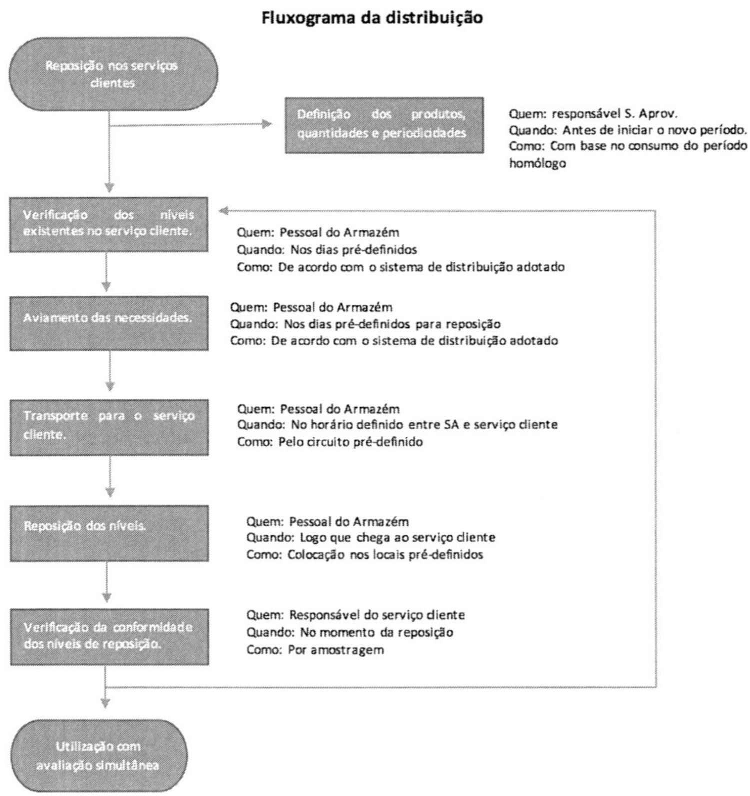

[17] Também designado sistema duplo lote, em que para cada artigo há duas caixas no serviço cliente, que vai consumindo os produtos da primeira caixa e, quando esta se esgota, dá indicação ao armazém para repor e inicia o consumo da segunda caixa, que funciona como stock de segurança até à reposição dos produtos consumidos.

Ao setor de armazém competirá também preparar e remeter aos serviços utilizadores e aos órgãos de gestão, informação relativa aos consumos e realizar uma gestão económica dos stocks que permita, após conhecer a sua evolução, formular previsões e tomar decisões de quanto e quando encomendar, com a finalidade de conseguir a melhor qualidade de serviço ao menor custo.

2.4. Gestão de stocks

Podemos definir stock como o conjunto de unidades de um ou mais artigos, que constituem uma reserva para assegurarem a satisfação de uma futura necessidade de consumo[18]. Podemos afirmar que o stock é a "almofada" da procura e das respetivas variações, assim como dos atrasos dos fornecedores (por vezes provocados por atrasos de pagamentos) ou flutuações de mercado.

Onde a constituição de stocks é necessária, para além da gestão técnica destes, é essencial garantir o controlo quantitativo e qualitativo dos materiais que dão entrada na organização, bem como o seu estado de apresentação e cumprimento de regras definidas previamente no contrato.

Principais tipologias de stock:

Tabela 2 – **Tipos de stock**

***Stock* Normal**	Artigos consumidos de modo mais ou menos regular. Divide-se em: • stock ativo: artigos armazenados no seu local próprio no armazém; • stock de reserva: integra as existências do stock normal, mas não tem espaço no local destinado ao stock ativo
***Stock* de Segurança**	Parte do *Stock* destinado para prevenir ruturas de material, sejam resultantes de aumento imprevisto do consumo, seja de atrasos do fornecedor, ou outros eventos.
***Stock* afetado**	Parte do stock destinado a fins específicos
***Stock* Global**	São todos os artigos resultantes da soma do *stock* normal, de segurança e afetado.

FONTE: adaptado de Reis (2005)

[18] Reis, 2005: 21.

A gestão de stocks utiliza metodologia própria e especializada. A utilização de um sistema informático que permita o controlo integrado de todo o processo, da aquisição ao consumo, passando pela armazenagem e distribuição, é fundamental para a responsabilização individual e coletiva na atividade do aprovisionamento, possibilitando melhorias ao nível da qualidade do serviço prestado e na criação de valor para a organização.

É necessário conhecer a evolução dos stocks, para permitir elaborar previsões da sua evolução e tomar decisões sobre quando e quanto encomendar. Um dos principais métodos passa pela utilização de dados estatísticos que permitem a determinação da tendência de uma série de valores – histórico de consumos – para obtenção de uma previsão para um determinado período de tempo.

No entanto não se deve negligenciar a incerteza e o risco resultante destas previsões, sendo igualmente necessário, para uma previsão eficaz, conhecer o ambiente (interno e externo) em que se atua, conhecer os produtos e o mercado e a organização e a sua política de consumo[19].

Para uma gestão eficaz é necessário conhecer com a maior precisão possível o nível de stocks, podendo recorrer-se ao modelo de revisão contínua de stocks, que verifica continuamente a quantidade disponível de cada produto; ou ao modelo de revisão periódica, que verifica a quantidade existente com uma periodicidade determinada. O primeiro modelo permite um acompanhamento contínuo dos níveis de stock e evita situações de rutura, principalmente quando perante consumos e prazos de entrega variáveis.

Definir quando e quanto encomendar é um dos objetivos da gestão económica de stocks. Como o consumo é normalmente variável ao longo do ano, segundo Reis existem dois métodos principais para determinar quando e quanto encomendar:

- Ponto de encomenda – varia a periodicidade da encomenda, mas mantém-se constante a quantidade encomendada;
- Periodicidade fixa de encomenda – varia a quantidade encomendada, mas mantém-se a periodicidade de encomenda[20].

[19] Reis, 2005.

[20] Cf. Reis, 2005: 114.

Na maioria das situações em que se lida com a gestão de stocks, existem tantos artigos que é não é viável gerir e acompanhar individualmente o consumo de cada um. É portanto necessário identificar os artigos que carecem de maior atenção devido ao valor financeiro investido nos mesmos.

Uma ferramenta que permite identificar e gerir os produtos com maior peso financeiro no stock é a análise ABC, que se baseia na Lei de Pareto[21]. A análise ABC permite pôr em evidência os elementos de uma população estatística, de acordo com um critério determinado, aos quais deve ser dada maior importância.

Em termos de stocks, a análise ABC diz-nos que cerca de 80% do valor investido concentra-se em cerca de 20% dos artigos. Os artigos são classificados em três classes, A, B e C. Assim, teoricamente, a classe A será constituída pelos primeiros 20% dos artigos e cujo valor agregado corresponderá a 80% do valor total do stock; à classe B corresponderá cerca de 15% do valor do stock, e à classe C corresponderá o remanescente. Na prática, muitas vezes 80% do valor do stock concentra-se em 10% dos produtos e são estes o que necessitam de maior vigilância e acompanhamento.

Usualmente, a análise ABC é feita com base no valor financeiro dos produtos, mas poderá ser útil realizá-la também numa ótica de consumos, definindo-se as classes de acordo com o volume (em unidades) consumido.

É cada vez mais frequente recorrer-se a várias formas de organização e de gestão, que permitem reduzir significativamente os stocks e o custo destes, dos quais salientamos:

- Consignação – o fornecedor coloca nas instalações do cliente o produto na quantidade pré acordada, mantendo a sua propriedade até ao momento em que o cliente concretiza ao seu consumo efetivo, altura em que o fornecedor procederá à faturação e reposição do produto consumido. O risco e o custo da gestão do stock são do fornecedor.
- *Cross Docking* – os produtos são recebidos pelo cliente no armazém e são rapidamente preparados e expedidos para consumo. Não há

[21] Vilefredo Pareto, sociólogo, teórico político e economista italiano, que realizou no final do século XIX um estudo sobre a distribuição da riqueza e verificou que 20 % da população controlava 80% da riqueza. Esta lógica, de poucos terem a maior importância e muitos terem pouca, foi ampliada a muitas situações e foi designada como Princípio de Pareto.

lugar a uma armazenagem prolongada dos produtos no armazém do cliente.

Distingue-se do *Just in Time* na medida em que neste não há armazéns, os produtos são entregues pelo fornecedor diretamente no local de consumo no momento e quantidade em que são necessários, enquanto que no *Cross Docking* há armazéns físicos do cliente pelos quais os produtos passam, mesmo que a saída para consumo seja quase imediata.

2.5. Avaliação de fornecedores

A avaliação do fornecedor é uma atividade essencial durante a vigência do contrato, devendo ser definido nas peças do procedimento pré-contratual e no próprio contrato o modelo de avaliação que será utilizado. Devem ser registados todos os eventos relativos ao desempenho do fornecedor e esses registos devem ser mantidos para referência futura.

A avaliação de fornecedores assume-se como um processo de extrema importância na vida das organizações. Em muitos casos, é com um pequeno número de fornecedores que é despendido a maior parte do orçamento, pelo que é a essa minoria que devem ser aplicados sistematicamente métodos rigorosos de avaliação.

Apesar das regras de contratação pública limitarem a possibilidade de exclusão de agentes económicos, por questões relacionadas com o desempenho em anteriores contratos, não deixa de ser possível em determinadas situações, como veremos mais adiante, o impedimento à participação em procedimentos de contratação pública por mau desempenho em anteriores contratos.

Por outro lado, a figura do "gestor do contrato", introduzida no CCP pelo D.L. nº 111-B/2017, de 31 de agosto, impõe na realidade aos organismos públicos, a concretização de um modelo de avaliação da execução do contrato, o que reforça a necessidade dos organismos públicos implementarem métodos de avaliação dos seus fornecedores.

2.5.1. Objetivos da avaliação de fornecedores

Um sistema de avaliação de fornecedores deve contribuir para que qualquer fornecedor da organização tenha consciência de todas as falhas no seu desempenho, permitindo-lhe justificar-se. No fim do contrato deve ser feita uma revisão de todo o processo de compra para identificar fraquezas e formas de melhorar o desempenho futuro e evitar a repetição das falhas.

A avaliação de fornecedores não pode descuidar a capacidade técnica e financeira, pois tal não é substituível por nenhuma garantia bancária. Enquanto que esta respeita a um contrato, aquela tem um alcance de negócio duradouro e se pensarmos, por exemplo, num fornecedor de *software* crítico, há que acautelar, dentro do possível, a continuidade a longo prazo do apoio técnico e de desenvolvimento desse *software*.

O processo de avaliação terá as seguintes fases:

Tabela 3 – **Fases da avaliação de fornecedores**

Fases	Discriminação
1	Reconhecer a necessidade de seleção e avaliação
2	Identificar os critérios e requisitos de fornecimento
3	Determinar a estratégia de fornecimento
4	Identificar as potenciais fontes de fornecimento
5	Identificar o número de fornecedores alternativos
6	Determinar o método de avaliação
7	Aplicar o método e medir
8	Avaliar, comparar e ponderar
9	Decidir
10	Refrescar o processo

Há vários modelos e métodos de avaliação de fornecedores, principalmente na indústria, pelo que exemplificaremos algumas das metodologias.

A avaliação pode ser feita em duas fases:

1. Primeira fase: avaliação da candidatura e dos requisitos de admissão do fornecedor. O CCP prevê vários procedimentos pré contratuais, como por exemplo o concurso limitado por prévia qualificação, em que numa primeira fase é feita a apresentação de candidaturas, limitando-se a apresentação de propostas apenas aos candidatos qualificados nessa primeira fase.
2. Segunda fase: avaliação da execução do fornecimento. A admissão de fornecedor aprovado na primeira fase, é um processo independente

do da avaliação da proposta e em nada deve influenciar a avaliação desta. No entanto, o contrato resultante da proposta adjudicada deve ser alvo de monitorização e acompanhamento, para aferir do seu correto cumprimento.

Os requisitos da primeira fase centram-se na capacidade técnica e financeira dos candidatos. Todavia, os critérios de avaliação e ponderação devem ser adaptados ao objeto a contratar e ao negócio em causa. As garantias de continuidade de um fornecedor de equipamento crítico são, tendencialmente, mais importantes do que as de um fornecedor de bens fungíveis, com o qual a relação contratual se extingue com a entrega dos bens ou com a prestação do serviço.

Não existem indicadores infalíveis de continuidade duma empresa, nem métodos objetivos que determinem o valor da mesma. Porém, admite-se o recurso a rácios que, mesmo assim, não devem ser avaliados isoladamente, nomeadamente o capital próprio, a autonomia financeira ou a solvabilidade do passivo.

Segundo Carvalho das Neves, existem algumas particularidades das empresas em situação difícil[22]:

- Resultados líquidos e/ou Operacionais Negativos;
- Fluxos de caixa operacionais, em geral, negativos;
- Não apresentam condições para pagamento de dividendos;
- Elevado grau de endividamento;
- Incapacidade de satisfazer o serviço da dívida.

É imperativo definir critérios objetivos para cada requisito a ser avaliado. A existência de certificação de qualidade, nomeadamente ao abrigo das normas ISO 9000, constituem uma boa ferramenta para corroborar a qualificação de um fornecedor.

[22] Neves, 1999.

Figura 6 – **Circuito de avaliação**

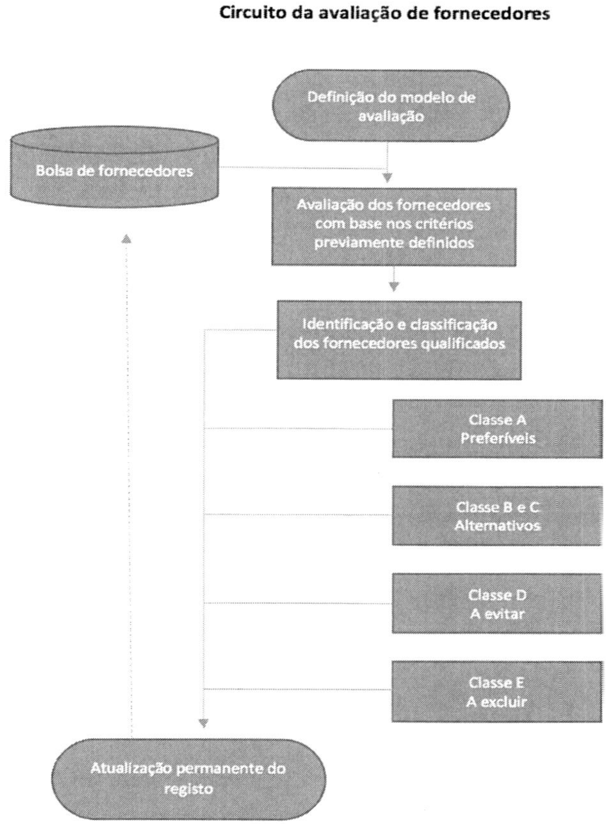

FONTE: Pinto (2006)

2.5.2. Métodos de avaliação

A avaliação de fornecedores é vista, por vezes, como uma formalidade burocrática, o que pode resultar da inexistência de um modelo estruturado e bem definido de avaliação.

Existem vários métodos alternativos para avaliação de fornecedores, como por exemplo:

- **Método categórico** – Trata-se de um método simples e de fácil aplicação. No entanto a sua subjetividade impõe limitações, já que a avaliação é feita através da opinião dos intervenientes através de um conjunto reduzido de atributos, como por exemplo:

Qualidade do produto	Satisfaz
Simpatia no atendimento	Não satisfaz
Rapidez de resposta	Satisfaz

Através deste método, os fornecedores são avaliados qualitativamente (Ex.: Bom/Mau, Satisfaz/Não Satisfaz). Recomenda-se por isso a sua aplicação a fornecedores de menor importância financeira ou a pequenas empresas.

- **Método ponderado ou de Média Ponderada** – É um método mais evoluído, menos subjetivo e mais formal, contudo requer mais esforço na sua implementação e uso. É também mais flexível e garante uniformidade na sua aplicação, já que a avaliação incide sobre vários atributos, com ponderações distintas e com critérios bem definidos. Dois exemplos:

Atributo:	Cumprimento do prazo de entrega
Critério:	Desempenho avaliado de 1 (mau) a 3 (bom)
	Entrega pontual – 3 pontos
Avaliação	Atraso de 1 dia – 2 pontos
	Atraso > 1 dia – 1 ponto
Ponderação	5 (de 1 a 5)

Assistência técnica:	Capacidade de resposta em caso de avaria
Critério:	Desempenho avaliado de 1 (mau) a 3 (bom)
	Envio de equipa técnica em menos de 12 horas – 3 pontos
Avaliação	Envio de equipa técnica entre 12 a 24 horas – 2 pontos
	Envio de equipa técnica > a 24 horas – 1 ponto
Ponderação	4 (de 1 a 5)

- **Método do Custo Total** – É de todos o menos subjetivo, mas o mais exigente devido às fontes de informação que exige na sua implementação e aplicação. O método determina o custo total relativo aos negócios estabelecidos com os fornecedores. Para um dado artigo, o fornecedor que apresentar um custo total mais baixo para a empresa é o preferido. No entanto, o custo mais baixo de aquisição nem sempre representa o custo total mais baixo.

- **A Metodologia VRS** – A metodologia VRS *(Vendor rating system)*, permite à organização implementar um processo contínuo de gestão concebido para medir, avaliar e melhorar o desempenho dos fornecedores. Desta forma, poderá tomar decisões seguras quanto à manutenção, ou não, das relações de pareceria com os seus fornecedores.
  Esta metodologia recorre a várias ferramentas de avaliação e propõe que as empresas adotem uma forma de estar perante os fornecedores, em que estes reconheçam uma mudança de atitude na qual se privilegia a mútua cooperação e desenvolvimento contínuo[23].

2.5.3. Avaliação do processo de fornecimento

É importante que o cliente comunique ao mercado quais "as regras do jogo". Recomenda-se que no início da relação cliente/fornecedor sejam esclarecidos os aspetos valorizados por ambas as partes, de modo a que o fornecedor saiba com o que conta e possa desenvolver esforços no sentido da satisfação do cliente.

Seguindo a metodologia VRS na definição de um modelo de avaliação, este deve iniciar-se com o preenchimento por parte do fornecedor de uma ficha questionário, que funciona como ferramenta preliminar de avaliação.

Os questionários podem ser desenhados pelo cliente, que por meios tradicionais ou informáticos. Devem reunir um conjunto de questões que permitam uma avaliação preliminar nos diversos domínios:

- Identificação;
- Capacidade Técnica;
- Capacidade Financeira;
- Experiência;
- "Core business", como sejam as áreas de negócio (categoria de produtos, de equipamento, serviços, etc.);
- Organograma da empresa;
- Processos de certificação e/ou acreditação.

[23] Pinto, 2005.

O questionário deve ser o mais simples e económico, como o que propomos em anexo. Contudo, por muito bem que esteja desenhado, a avaliação de fornecedores não pode ficar limitada a esta ferramenta[24].

As visitas formais a feiras, exposições e instalações dos fornecedores, são também uma excelente ferramenta de avaliação por observação ao sistema organizativo, recursos utilizados, métodos de trabalho, estratégias, entre outros aspetos.

A realização de auditorias, embora partilhando os objetivos das visitas, deverá ter um âmbito mais abrangente e como tal requer uma preparação cuidada e envolvimento e compromisso por parte do fornecedor.

Estas ferramentas podem ser aplicadas em separado ou fazer parte de um processo de avaliação global e continuado, em que a frequência das ações deve ser ajustada às necessidades do cliente, à importância relativa de cada fornecedor e ao estado de maturidade do sistema de avaliação.

Podemos avaliar e medir na ótica do produto/serviço, entre outros, os seguintes aspetos:

- O cumprimento de prazos;
- Devoluções e rejeições;
- Tratamento das reclamações;
- Flexibilidade no negócio;
- Qualidade e certificação dos produtos;
- Assistência pós-venda;
- Capacidade de resposta e tempo de reação.

Na ótica do fornecedor, com vista a avaliar:

- Esforços de melhoria;
- Envolvimento em parcerias;
- Inovação;
- Assistência pós-venda.

A aplicação rotineira do método de avaliação escolhido ajudará as empresas a encararem o processo de avaliação como algo natural e, acima de tudo, como uma excelente oportunidade de melhoria continuada do desempenho e do reforço das parecerias.

[24] Ver anexo I, no qual propomos modelo de inquérito de avaliação de fornecedores.

A organização pode aplicar o método VSR proposto, acrescentar ou alterar os critérios e respetiva ponderação. Caso a empresa favoreça a qualidade em detrimento do custo, atribui ao critério qualidade uma ponderação superior àquela que atribuirá ao do custo.

Exemplo de tabela de avaliação:

Tabela 4 – **Exemplo de tabela de avaliação**

	Critérios de Avaliação	**Ponderação**		**Pontuação**	**Pont. Max. Ponderada**
1	Qualidade		90	100	9000
2	Cumprimento de Prazos		80		
2.1	Entrega Produto	40		100	4000
2.2	Faturas e Guias	20		100	2000
2.3	Pagamento	20		100	2000
3	Resposta a pedidos orçamento		70	100	7000
4	Preço		60	100	6000
5	Assistência Pós-Venda		50	100	5000
6	Tempo de resposta		40	100	4000
7	Inovação		30	100	3000
	Soma		**420**	**800**	**42000**
			Classificação Geral (CG)		**100**

Exemplo de uma avaliação do fornecedor X

Tabela 5 – **Exemplo de avaliação**

	Critérios de Avaliação	**Ponderação**		**Pontuação**	**Pont. Mx Ponderada**
1	Qualidade		90	50	4500
2	Cumprimento de Prazos		80		
2.1	Entrega Produto	40		40	1600
2.2	Faturas e Guias	20		30	600
2.3	Pagamento	20		80	1600
3	Resposta a pedidos orçamento		70	80	5600
4	Preço		60	40	2400
5	Assistência Pós-Venda		50	30	1500
6	Tempo de resposta		40	40	1600
7	Inovação		30	70	2100
		Soma	**420**	**410**	**21500**
			Classificação Geral (CG)		**51,20**

A equação será a seguinte:

$$CG = \frac{\sum Pontuação * Ponderação}{\sum Ponderação}$$

A lista ordenada de fornecedores é elaborada após a determinação da Classificação Geral (CG) realizada a cada um dos fornecedores.

Para os fornecedores-chave, ou insubstituíveis, cuja classificação global fique abaixo dos valores mínimos desejados, a empresa cliente deverá junto destes iniciar programas de desenvolvimento e de melhoria, no sentido de elevar o desempenho desses fornecedores.

Podemos assim definir classes com base na classificação geral e atribuir a cada classe uma decisão:

Tabela 6 – **Classificação**

	Classificação Global (%)	Comentário	Decisão
Classe A	90 a 100	Desempenho Excelente	Fornecedor prioritário
Classe B	70 a 89	Desempenho Normal	Fornecedor alternativo
Classe C	50 a 69	Desempenho Baixo	Fornecedor alternativo
Classe D	25 a 40	Desempenho Medíocre	A melhorar
Classe E	< 25	Desempenho Mau	Fornecedor a Excluir

Para que se possam reforçar as relações cliente/fornecedor, tornando efetivas as estratégias *win-win*, a metodologia VRS deve ainda considerar a aplicação de meios de desenvolvimento continuado de fornecedores[25]:

- Promover a proximidade;
- Promover programas de trabalho pela transferência de *know-how*;
- Desenvolver novos produtos, serviços e processos – procurando envolver (e comprometer) o mais cedo possível os fornecedores nas fases iniciais dos processos;
- Incentivar a aproximação e a associação de forma a promover a partilha de recursos e criar redes;

[25] Win-win: expressão que pretende realçar a vantagem em negócios que geram valor para todas as partes.

- Adotar procedimentos uniformizados, sistemas de informação comuns, embalagem, transportes partilhados, sistemas de codificação, nomenclatura de produtos, etc.;
- Usar os mesmos processos de certificação;
- Criar cadeias de fornecimento de base *lean thinking*, como facilitador de agilidade e gerador de valor.

A realização de uma avaliação objetiva e sistemática de fornecedores, faculta ao cliente uma ferramenta de pressão e de seleção, já que um mau desempenho reconhecido formalmente através da recolha de dados objetivos implica uma imagem negativa para o fornecedor que este procurará, certamente, evitar.

No âmbito da contratação pública a avaliação da execução do contrato assume um papel relevante, consubstanciando-se na figura do gestor do contrato. Como veremos mais adiante, esta figura é responsável pelo acompanhamento dos contratos de maior complexidade celebrados no âmbito da contratação pública e ao qual é exigido a criação de indicadores de execução quantitativos e qualitativos adequados a cada tipo de contrato.

2.6. Competências negociais

Não abordamos a negociação como componente específica dos procedimentos de formação de contratos previstos no CCP, que será tratado em capítulo próprio, mas sim enquanto processo de conversação entre duas ou mais partes com o objetivo de atingirem um acordo[26].

Trata-se antes de mais, de uma abordagem ligeira a um tema que classificamos como relevante mas pouco valorizado no âmbito da contratação pública e que dispõe de técnicas e abordagens próprias.

Não é raro quem tem funções no âmbito da contratação pública deparar-se com interlocutores do setor privado muito bem apetrechados de técnicas e competências negociais, que utilizam perante uma Administração Pública pouco preparada para lhes fazer frente. E se a negociação, enquanto procedimento de contração pública, obedece a regras bem definidas, há procedimentos como a consulta prévia e, em particular, o ajuste direto, onde essas regras são mais ligeiras, sem prejuízo dos princípios inerentes à contratação pública.

[26] Ver https://www.infopedia.pt/dicionarios/lingua-portuguesa/negocia%C3%A7%C3%A3o

A negociação é uma competência inerente às funções do aprovisionamento, na medida em que é necessário negociar com os clientes internos – os serviços utilizadores – para encontrar a melhor solução para satisfazer as necessidades destes; e com o mercado – fornecedores ou potenciais fornecedores – perante os quais procura obter as melhores condições.

Sendo a negociação uma constante da atividade do aprovisionamento, o domínio de algumas técnicas básicas é essencial para garantir um bom desempenho, não numa perspetiva de resolução de um conflito aberto, mas numa perspetiva de obtenção de vantagens recíprocas.

O sucesso negocial será mensurável perante objetivos previamente estabelecidos, exigindo-se a gestão de expetativas e a definição de ganhos expectáveis e perdas aceitáveis. A negociação traduz-se num processo de trocas, em que se dá algo que se aceita perder para se obter algo que se valoriza e se pretende ganhar. Aliás, uma boa negociação atinge-se sempre que conseguimos obter algo que para nós tem elevado valor e para a outra parte tem um baixo custo de cedência, e vice-versa.

Sendo o aspeto económico o mais significativo numa negociação, como o preço por ser mensurável e tangível, há aspetos menos mensuráveis igualmente importantes que importa não desleixar.

Consideramos em particular os seguintes aspetos a ter em conta quando se negoceia enquanto "comprador público":

- Legitimidade.
  É fundamental o negociador ter legitimidade formal para atuar enquanto tal, mediante reconhecimento e autorização do órgão competente para autorizar a despesa que dessa negociação venha a resultar.
  Como já referido, não é rara a atuação desgarrada de intervenientes públicos, que negoceiam condições contratuais sem qualquer intervenção ou enquadramento formal ou legal, invocando a sua qualidade de "especialistas", deixando depois ao aprovisionamento a emissão da nota de encomenda e a resolução das "burocracias". Estas situações impedem uma atuação coerente junto do mercado e mina a capacidade negocial da entidade pública.
  Essa legitimidade deve ser reconhecida interna e externamente.

- Reconhecimento.
  É necessário ser visto como "interlocutor" válido pela contraparte, que quer negociar com quem tem a capacidade de fechar um acordo ou representa diretamente quem o poderá fazer.
  Quando o vendedor perceciona que quem tem o verdadeiro poder de influenciar ou decidir a compra, é outro que não o negociador, agirá no sentido de influenciar quem de facto tem esse poder.
  Por exemplo, um vendedor de equipamento médico perante um processo negocial em determinado hospital, caso se aperceba que será o médico X quem de facto tem o poder de influenciar a compra (pelo seu prestígio interno ou competência técnica), irá atuar no sentido de promover junto desse médico o seu produto, para que este o defenda e retire capacidade de manobra ao "negociador" do hospital.

- Objeto da negociação.
  É necessário saber e ter sempre presente o que se está a negociar e o que se pretende obter, para dessa forma percecionar os ganhos e perdas potenciais a cada momento e não perder de vista a necessidade que se visa satisfazer.

- Contexto de atuação.
  É necessário ter presente a envolvente negocial, nomeadamente se é possível concretizar formal e materialmente aquele negócio e se o mesmo integra uma estratégia negocial e de atuação junto do mercado que salvaguarde os interesses e objetivos da instituição.

- Pró atividade.
  A negociação envolve pelo menos duas partes, que dialogam e procuram fazer valer os seus argumentos e interesses, com o objetivo de maximizarem o seu ganho. É por isso necessário ter uma atitude pragmática e ativa, apresentando propostas e argumentos, valorizando ou desvalorizando os argumentos da parte contrária que relevam para os objetivos a atingir.

- Preparação.
  Para ter sucesso numa negociação é necessário ter conhecimento da necessidade a satisfazer e obter informação suficiente para saber que alternativas o mercado oferece.

Muitas vezes é o vendedor quem melhor conhece a necessidade a satisfazer, porque é obviamente especialista no produto ou serviço que vende, mas também porque fez o seu trabalho de casa e conseguiu promover o seu produto junto do utilizador que, por sua vez, vai exigir ao "comprador" aquela solução em particular.

No decurso de uma negociação o comprador deverá ainda[27]:

- Evitar deixar-se destabilizar pelo vendedor, que é especializado no produto que vende e conhece normalmente muito bem o utilizador final ou a necessidade a satisfazer.
- Compreender que o comprador tem uma posição de superioridade face ao vendedor, já que este não tem garantida à partida a venda, evitando entrar em debates que reforcem a posição do vendedor.
- Ouvir, mostrar-se atento, ser cortês mas firme, sondando o vendedor no sentido de perceber as fragilidades da sua posição (pode perceber que o vendedor quer fazer crescer a sua quota de mercado e que o preço é fator negociável, ou que a assistência pós-venda ou garantia pode ser amplamente alargada sem custos, etc.).
- Deve ser claro nos aspetos que não está disposto a negociar ou dos quais não abdica, devendo atuar de forma clara, coerente e séria.
- Deve recorrer sempre que necessário a aconselhamento técnico de peritos.

Devem ser feitos registos, nomeadamente atas, das reuniões realizadas e dos resultados obtidos, garantindo-se assim a transparência das diligências realizadas.

[27] Carvalho, 2006.

Capítulo 3
Ética na Administração Pública

A forma como as funções do Estado são exercidas tem sofrido alterações ao longo dos tempos, evoluindo e variando de acordo com as opções políticas, nomeadamente sobre qual a melhor forma dos organismos públicos atuarem[28].

O "new public management" ou "nova gestão pública", políticas implementadas inicialmente no Reino Unido nos anos 80 do séc. XX e que se generalizaram um pouco por toda a Europa, defende a profissionalização das estruturas da administração pública, a avaliação de desempenho dos organismos públicos, a introdução de competição no setor público, a utilização de técnicas e práticas da gestão empresarial privada e coloca a ênfase nos resultados[29].

Fruto desta realidade e da forma como as sociedades europeias modernas se organizam e nas quais Portugal se insere, os serviços públicos são cada vez mais escrutinados nas suas práticas e avaliados pelos seus custos e

[28] Hood, 1991.

[29] Rocha, 2011. O "new public management" é a designação dada às doutrinas que emergiram e dominaram as reformas burocráticas em vários países da OCDE, desde os finais dos anos 70 do séc. XX, e que estão ligadas à tentativa de inverter ou reduzir o crescimento da máquina do Estado; de privatizar e concessionar serviços públicos ou providos por entidades públicas; criar automatismos na produção e fornecimento de serviços, em especial através das tecnologias de informação; desenvolver uma agenda de internacionalização e cooperação intergovernamental centrada nas matérias gerais da administração pública e conceção de políticas.

resultados, como se competissem no mercado e como se de empresas privadas se tratasse.

O objetivo da Administração Pública é que a sua atividade seja orientada para a satisfação das necessidades coletivas, com respeito pelas preocupações, pretensões e expectativas da organização e da sociedade. Cada vez mais, a atividade da Administração Pública orienta-se por critérios exigentes de qualidade, economia, eficiência e eficácia, num quadro de equilíbrio e de sustentabilidade económica, financeira, social e ambiental.

A conduta ética constitui um instrumento de definição dos padrões de atuação que expressem os valores e cultura organizacionais dos organismos públicos, fomentando a confiança dos cidadãos, a qualidade e transparência da gestão, o sentido de missão e cumprindo as aspirações da comunidade que serve.

A Carta Ética – Dez princípios éticos da Administração Pública, proposta em 1996 por várias associações sindicais da Função Pública, apresenta 10 princípios basilares que se mantém atuais[30]:

Tabela 7 – **Princípios éticos da Administração Pública**

1. Princípio do Serviço Público	Os funcionários encontram-se ao serviço exclusivo da comunidade e dos cidadãos, prevalecendo sempre o interesse público sobre os interesses particulares ou de grupo.
2. Princípio da Integridade	Os funcionários regem-se segundo critérios de honestidade pessoal e de integridade de carácter.
3. Princípio da Justiça e da Imparcialidade	Os funcionários, no exercício da sua atividade, devem tratar de forma justa e imparcial todos os cidadãos, atuando segundo rigorosos princípios de neutralidade.
4. Princípio da Igualdade	Os funcionários não podem beneficiar ou prejudicar qualquer cidadão em função da sua ascendência, sexo, raça, língua, convicções políticas, ideológicas ou religiosas, situação económica ou condição social.

[30] Pode ser encontrada em: http://www.irn.mj.pt/sections/irn/legislacao/publicacao-de-brn/docs-brn/2002/brn-7-de-2002/downloadFile/attachedFile_3_f0/AP_carta_etica.pdf?nocache=1207762928.01 Ver ainda Resolução do Conselho de Ministros n.º 47/97, de 27 de fevereiro de 1997

5. Princípio da Proporcionalidade	Os funcionários, no exercício da sua atividade, só podem exigir aos cidadãos o indispensável à realização da atividade administrativa.
6. Princípio da Colaboração e da Boa-fé	Os funcionários, no exercício da sua atividade, devem colaborar com os cidadãos, segundo o princípio da Boa-fé, tendo em vista a realização do interesse da comunidade e fomentar a sua participação na realização da atividade administrativa.
7. Princípio da Informação e da Qualidade	Os funcionários devem prestar informações e ou esclarecimentos de forma clara, simples, cortês e rápida.
8. Princípio da Lealdade	Os funcionários, no exercício da sua atividade, devem agir de forma leal, solidária e cooperante.
9. Princípio da Integridade	Os funcionários regem-se segundo critérios de honestidade pessoal e de integridade de carácter.
10. Princípio da Competência e Responsabilidade	Os funcionários agem de forma responsável e competente, dedicada e crítica, empenhando-se na valorização profissional.

Em vários setores da Administração Pública têm sido aprovados códigos de conduta ou deontológicos, de acordo com as especificidades das respetivas áreas de atuação, como é o caso da aprovação da Carta Deontológica das Forças de Segurança pela Resolução do Conselho de Ministros n.º 37/2002, de 28 de fevereiro, ou do Despacho do Ministro da Saúde n.º 9456-C/2014, de 21 de julho, que aprova o Código de Conduta Ética dos Serviços e Organismos do Ministério da Saúde e que impões aos organismos sob a sua tutela, a elaboração e aprovação de códigos de conduta ética[31].

Pode-se questionar a necessidade de elaboração de documentos formais para impor comportamentos que, na sua essência, deveriam estar subjacentes ao comportamento de qualquer cidadão e, em particular, de qualquer servidor público. No entanto, a Administração Pública é constituída por milhares de instituições e organismos, compostos por centenas de milhares de funcionários, pelo que a aprovação de regras e princípios basilares tem

[31] Publicados, respetivamente, no Diário da República nº 50, Série I-B, de 2002-02-28 e no Diário da República n.º 138, 2.º Suplemento, Série II, de 2014-07-21.

o intuito de, por um lado, publicitar a forma pela qual a Administração Pública se quer relacionar com os cidadãos e, por outro, estabelecer comportamentos a seguir por quem presta serviço público.

3.1. Ética e responsabilidade nos processos de aquisição

Dentro do que são os valores éticos da Administração Pública em geral, é essencial definir as linhas principais por onde se devem pautar os profissionais que participam em processos de aquisição no desempenho das suas funções, em particular os que desenvolvem a sua atividade profissional na área de contratação pública.

Esta temática é, cada vez mais, considerada como fundamental na boa gestão de dinheiros públicos e no comportamento dos funcionários da Administração Pública e no seu relacionamento com o cidadão e com o mercado.

A preocupação com a transparência das compras públicas tem sido vertida ao nível legislativo, em que é exemplo a Resolução do Conselho de Ministros (RCM) n.º 49/2007, de 28 de Março, que definiu os Princípios de Bom Governo dirigidos ao Estado enquanto acionista e *stakeholder* e a sua aplicação ao setor empresarial do Estado[32]. Desta forma, às empresas detidas pelo Estado é atribuído um papel relevante e claro quanto ao princípio da transparência, ao controlo de riscos e à prevenção de conflitos de interesse, incentivando a excelência do governo societário.

Esta Resolução veio ao encontro do que é considerado um dos principais exemplos de transparência e responsabilização (*accountability*, utilizando a expressão anglo-saxónica) da Administração Pública na área das compras públicas: "Ethics, Probity and Accountability in Procurement" e "Probity and Accountability in Purchasing", ambos do Governo do Estado de Queensland, na Austrália[33].

A Lei nº 54/2008, de 4 de setembro, cria o Conselho de Prevenção da Corrupção (CPC), o qual funciona junto do Tribunal de Contas. Trata-se de uma entidade administrativa independente que tem como objetivos, nos termos do art.º 1º da referida Lei, desenvolver atividades de âmbito nacional

[32] Publicado no Diário da República nº62, Série I, de 2007-03-28

[33] Respetivamente em: http://www.hpw.qld.gov.au/SiteCollectionDocuments/ProcurementGuideEthicsProbityAccountability.pdf e http://www.qgm.qld.gov.au

no domínio da prevenção da corrupção e infrações conexas. Todos os organismos públicos estão legalmente obrigados a colaborar com o CPC[34].

O CPC não é um órgão de investigação criminal, a qual compete a outros órgãos e instituições do Estado. A sua atividade está orientada para a prevenção da corrupção, incumbindo-lhe, nomeadamente, a recolha e organização de informações relativas à prevenção de corrupção ativa ou passiva, de apropriação ilegítima de bens públicos, de administração danosa, de peculato, de participação económica em negócios, de abuso de poder ou violação de dever de segredo, bem como de aquisição de imóveis ou valores mobiliários, em consequência da obtenção ou utilização ilícitas de informação privilegiada no exercício de funções na Administração Pública ou no sector público empresarial.

A contratação pública é uma área particularmente sensível, sendo visada expressamente no nº 2 do art. 7º da Lei nº 54/2008, de 4 de setembro, que classifica como atividades de risco agravado, "(...) *designadamente, as que abrangem aquisições de bens e serviços, empreitadas de obras públicas e concessões sem concurso, as permutas de imóveis do Estado com imóveis particulares, as decisões de ordenamento e gestão territorial, bem como quaisquer outras suscetíveis de propiciar informação privilegiada para aquisições pelos agentes que nelas participem ou seus familiares*".

No âmbito da sua atividade, o CPC emitiu uma deliberação relativa ao D.L. nº 34/2009, de 6 de fevereiro, em que alerta para os riscos resultantes do regime excecional previsto neste diploma e insta as organizações públicas a fortalecerem os mecanismos de prevenção e de controlo nos processos de aquisição que desenvolvam[35]. Refira-se ainda que é usual os diplomas relativos à regulamentação da execução do Orçamento do Estado, serem utilizados para criação de exceções na aplicação do CCP, sendo ainda relativamente usual a aprovação de diplomas com regimes excecionais para fazerem face a situações pontuais, como é o caso do D.L. nº 70/2018, de 30 de agosto, com os riscos inerentes.

Uma vez que a atuação do Aprovisionamento se desenvolve para além duma perspetiva de mera racionalidade administrativa e burocrática, a sua função e as atividades devem ser enquadradas num código de princípios e valores. Aliás, quando se assume a responsabilidade pela gestão de dinheiros públicos, em particular num sector de que atua no âmbito da

[34] Publicado no Diário da República nº 171, Série I, de 4-9-2008

[35] http://www.cpc.tcontas.pt/documentos/deliberacoes/deliberacao-cpc-20090506.pdf

contratação, é essencial garantir comportamentos éticos e uma conduta irrepreensível, com respeito por todos os intervenientes processuais e pelos princípios basilares da Administração.

Os valores são os pilares da identidade de um grupo e influenciam o procedimento e estão, por isso, associados a condições estruturantes dos processos de qualidade. De entre um quadro de valores em que se conduz o processo de mudança, destacam-se os mencionados na figura 7.

Figura 7 – **Quadro de valores num processo de mudança.**

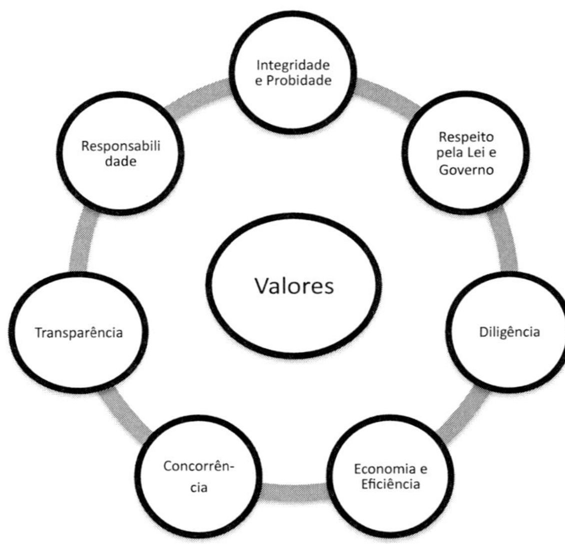

FONTE: Adaptado de Pinto (2009)

Será assim fundamental criar no serviço de aprovisionamento uma cultura de responsabilidade e de ética, em que todas as transações e decisões dos processos aquisitivos passem o teste da "defesa pública". A transação deve ser, em todos os aspetos, justa e assegurar o retorno dos investimentos.

A ética nos processos de aquisição exige que o processo de compra seja conduzido:

- De forma íntegra;
- Honestamente;
- De forma transparente;
- Com justeza para todos os intervenientes.

A responsabilidade nos processos de aquisição traduz-se na obrigação de explicar e justificar a forma como determinadas tarefas específicas foram executadas. Se um organismo público é visto como um comprador íntegro, é mais provável que trabalhe com fornecedores íntegros que lidarão com ele de forma também íntegra.

Isto traduz-se em comportamentos e atitudes e deve ser vertido na atividade diária. Por exemplo, a gestão de um setor de aquisições dever dispor de um plano de compras que permita a quantificação dos objetivos de compra, face a indicadores de desempenho e deve definir estratégias que assegurem que são desenvolvidas as competências necessárias relacionadas com as compras e formalizar um código de conduta, que os funcionários responsáveis por procedimentos de contratação deverão seguir. Esse código de conduta pode resumir-se da seguinte forma:

Tabela 8 – **Código de conduta**

Código de conduta	Desempenhar as suas funções imparcialmente, sem influência de receitas ou ameaças, reprimendas ou recompensas.
	Não solicitar presentes ou favores a concorrentes ou fornecedores.
	Não aceitar ofertas de concorrentes ou fornecedores, pois podem ser interpretadas como tentativas de influenciar a avaliação do processo.
	Assegurar que os seus interesses privados não entram em conflito com os seus deveres profissionais. Existindo potenciais conflitos de interesse, afastar--se do processo ou de processos em que tal possa suceder
	Manter a confidencialidade em todas as fases do procedimento.
	Seguir sistemas e procedimentos que asseguram uma aproximação consistente aos objetivos da compra.
	Garantir tratamento isento e idêntico a todos os concorrentes e fornecedores.

Deve ser intenção de todos os funcionários tomar decisões éticas, demonstrar responsabilidade e transparência apropriadas à sua posição e deveres. Contudo, podem existir ocasiões em que um funcionário poderá, através das suas ações, ser acusado de:

- Fraude – A falsa representação de factos com intenção de enganar ou dar vantagem a uma pessoa ou organização. Inclui falsificação de documentos e a prestação de declarações falsas.

- Furto – Furtar ou apropriar-se indevidamente de dinheiro ou bens alheios.
- Corrupção – Aceitar presentes ou qualquer tipo de recompensas com o intuito de favorecer alguém.

Estas situações devem ser sempre investigadas e apuradas cabalmente pela organização e pelas autoridades competentes, de forma a defender a sua probidade e a dos seus colaboradores.

Para evitar situações ou defender-se de eventuais situações de conflito, quem intervém em procedimentos de contratação pública dever colocar a si próprio as seguintes questões:

- Esta ação é legal e consistente com a política da instituição e do Governo?
- Está de acordo com os objetivos e código de conduta do meu serviço?
- É a atitude mais adequada?
- Qual vai ser o resultado para a organização, para os meus colegas, para outras partes e para mim?
- Posso justificar fazê-lo?
- O que acontecerá se o ato for publicamente escrutinado?

Segundo as orientações comunitárias para o fortalecimento da ética e princípio da concorrência, existem comportamentos tipificáveis de violação destes princípios, quando:

- Haja alteração de uma proposta de fornecimento após conhecer outras concorrentes;
- Não se denuncie situações de conluio entre concorrentes;
- Haja distorção do modelo de avaliação de propostas, através de uma ou mais propostas virtuais;
- Exista intenção de favorecimento de um concorrente, através de classificações atribuídas a critérios ou subcritérios mais subjetivos e específicos desse concorrente;
- Exista enviesamento do juízo de avaliação das propostas, estabelecendo regras, fórmulas ou parâmetros do modelo de avaliação, só após ter conhecimento das propostas e de modo a favorecer ou prejudicar alguma[36].

[36] Stingler, 1964. Citado por Tavares, 2008.

A manutenção de registos é um fator importante para assegurar a transparência e evidenciar a responsabilidade dos atores envolvidos. Estes registos devem ser produzidos ao longo de todo o processo de contratação e devem dar informação suficiente para permitir auditorias internas, bem como externas, que possam ser levadas a cabo.

O tipo e detalhe das informações guardadas dependem da complexidade ou sensibilidade de cada compra em particular. A informação que normalmente deve ser guardada inclui as fundamentações e autorizações para desenvolvimento do procedimento, critérios de avaliação e respetivo peso, processos e fundamentos das tomadas de decisão, propostas dos concorrentes e a própria decisão final e respetiva fundamentação de facto e de direito.

Qualquer organismo público deve garantir que todos os processos e procedimentos estão disponíveis a todos os interessados nos processos aquisitivos públicos.

Também da parte dos concorrentes é essencial garantir o cumprimento das normas e princípios éticos. A Autoridade da Concorrência aprovou, inclusivamente, um guia de boas práticas de combate ao conluio em procedimentos de formação de contratos públicos, que visa alertar os organismos públicos para alguns comportamentos que podem consubstanciar conluio por parte de concorrentes, que desvirtua o mercado e constitui prejuízo para o erário público[37].

[37] Documento pode ser consultado em: http://www.impic.pt/impic/assets/misc/img/slideshow/Guia_Combate_Conluio_AdC.pdf

PARTE II

A CONTRATAÇÃO PÚBLICA

O respeito pelos princípios de eficácia, economia e eficiência, pelos quais se procura maximizar o ganho com o mínimo de custo possível, tem que se conjugar com os princípios da transparência, boa-fé, legalidade e imparcialidade na prossecução do interesse público. Para tal, é imprescindível cumprir o ordenamento jurídico relativo à realização de despesa e de contratação públicas.

A acusação de que os procedimentos públicos são altamente burocráticos e morosos, com prejuízo para o erário público, não é exata nem correta. O cumprimento de regras pré-estabelecidas e de procedimentos prévios que assegurem a concorrência, a transparência e a imparcialidade, é essencial para assegurar o escrutínio e a responsabilização ou, no termo anglo-saxónico, *accountability,* de quem gasta e como gasta dinheiros públicos. Gastar dinheiro dos contribuintes exige o cumprimento escrupuloso das regras e isso tem que ser encarado como imprescindível e não como algo negativo.

As políticas e a eficácia da "função compras" são determinantes para os resultados e devem ter a capacidade de gerar informação que permita melhorar o conhecimento e a eficiência da gestão. Neste sentido, a definição e a uniformização de procedimentos permite funcionar numa lógica onde o processo e o interesse da organização assumem maior ênfase.

São conhecidas as limitações de ordem orçamental e financeira que obrigam a permanentes avaliações, à definição de critérios e de prioridades com as aquisições, face à despesa que originam. Essa análise criteriosa deve começar por ser aplicada pelos próprios serviços utilizadores, aos quais cumpre esgotar todas possibilidades e recorrer a meios já existentes, antes de formularem requisições que visem a aquisição de bens ou serviços[38].

[38] Que se enquadra e conflui com o teor dos n.ºs 1 e 2 do art.º 50.º da Lei n.º 42/2016 de 28 de dezembro, que aprovou o Orçamento do Estado para 2017

Reforça-se assim o princípio de que a satisfação de pedidos sujeita-se aos recursos existentes e não o contrário.

Por outro lado, nem sempre é feito o planeamento e preparação adequados que permitem a utilização integral de todas as ferramentas legalmente disponíveis. Se um organismo público necessita de realizar procedimentos pré-contratuais de valor elevado para um determinado ano, seja porque é dotado de verbas substanciais para investimento ou porque necessita de adquirir, por exemplo, serviços onerosos como de limpeza ou segurança, deve planear todo o processo aquisitivo de forma a melhor gerir os seus recursos e recorrer, por exemplo, ao anúncio de pré-informação no JOUE (art.º 34º do CCP), que lhe permitirá reduzir substancialmente os prazos em sede de concurso público ou concurso público limitado por prévia qualificação com publicação internacional.

Nesta área, tal como noutras, o tempo despendido no planeamento e preparação será recompensado na execução, limitando perdas de tempo, reduzindo custos e evitando erros.

Capítulo 1
A contratação pública e a concorrência

A ordem jurídica comunitária, focada na concorrência como motor de desenvolvimento da integração e da UE constituiu, segundo Rodrigues, uma "ordem pública concorrencial", a qual "*exprime um contrato de confiança entre o Poder Político que tem o monopólio da segurança, da preservação do território, a garantia de condições para que as populações que ocupam esse território tenham uma cidadania de excelência*"[39].

O Tratado sobre o Funcionamento da União Europeia, nos seus artigos 101º a 109º, promove e defende a concorrência no mercado interno comunitário, estatuindo a proibição de práticas anti concorrenciais ou limitadoras da livre concorrência[40].

Abel Mateus define concorrência como sendo um mecanismo básico de funcionamento da economia de mercado, pelo qual cada empresa decide de forma autónoma das restantes, variáveis como preços, quantidades, qualidade, investimentos, mercados e clientes alvo com o objetivo de maximizar o seu lucro[41].

A relevância da concorrência é salientada por Rodrigues, segundo o qual o "valor da concorrência" a que os Estados membros da UE estão obrigados,

[39] Rodrigues, 2010.

[40] Cf. Gorjão-Henriques, 2011.

[41] Cf. http://www.oa.pt/Conteudos/Artigos/detalhe_artigo.aspx?idc=31559&idsc=54103&ida=54128

é um elemento basilar da construção de uma economia de mercado sem barreiras à mobilidade no seu interior dos fatores de produção[42].

A UE assentou o seu desenvolvimento na livre concorrência no espaço comunitário, pelo que, segundo Abel Mateus "o direito da concorrência é um dos ramos fundamentais do Direito Comunitário".

É igualmente de realçar que, em Portugal e de acordo com a Lei nº 19/2012, de 8 de maio, o regime jurídico da concorrência estende-se a todas as atividades económicas, permanentes ou ocasionais, sejam desempenhadas por entidades públicas, privadas ou cooperativas.

O Código dos Contratos Públicos, ou CCP, procura responder às premissas das políticas comunitárias de concorrência, aliando a necessidade de transparência à flexibilização e desburocratização (objetivos sempre difíceis de conciliar), ao aumento da eficiência da despesa pública e à promoção de maior e mais fácil acesso aos contratos públicos por parte dos operadores económicos, com o objetivo de promover a concorrência e a eficiência dos mercados públicos.

[42] Rodrigues, 2008.

Capítulo 2
A despesa

A realização de um procedimento de aquisição exige um conjunto de procedimentos prévios, essenciais à sua realização. Inicia-se com a autorização para abertura do procedimento e conclui-se com a adjudicação e celebração do contrato, quando a ele houver lugar.

A autorização para abertura de um procedimento de aquisição implica a autorização para realização da respetiva despesa, pelo que há a assunção do respetivo encargo financeiro. A competência para autorizar despesas e, por natureza, os respetivos procedimentos para aquisição e locação de bens e serviços e os limites dos respetivos valores, encontra-se prevista nos artigos 17º a 22º e 29º do D.L. nº 197/99, de 8 de junho[43].

Há que ter em atenção que é usual o decreto-lei que regulamenta a execução do Orçamento do Estado (também conhecido por lei de execução orçamental e que é aprovado anualmente) introduzir alterações ou aprovar exceções ao regime de aprovação de despesa e à aplicação do CCP.

[43] Os art.º 16º a 22º e 29º do DL nº 197/99, de 8 de junho, estão em vigor por força da Resolução da Assembleia da República n.º 86/2011, de 11 de abril, que fez cessar a vigência do DL nº 40/2011 de 22 de março, que revogava os referidos artigos e que o CCP mantivera em vigor por força da alínea f) do n.º 1 do art.º 14 do DL 18/2008.

2.1. Autorização e fundamentação da despesa

A autorização de despesa implica a fundamentação da necessidade da mesma à luz do interesse público. O DL nº 155/92, de 28 de julho, estabelece no seu art.º 22º os seguintes requisitos[44]:

- Conformidade legal, que resulta da existência de lei prévia que autorize a despesa;
- Regularidade financeira, que se consubstancia na inscrição orçamental, cabimento e correta classificação de despesa;
- Economia, eficiência e eficácia, obtendo-se o máximo rendimento com o mínimo gasto, atendendo à utilidade e acréscimo de produtividade.

A Lei nº 151/2015, de 11 de setembro, reforça estes princípios no nº 3 do seu art.º 52º, estatuindo que nenhuma despesa pode ser autorizada sem que, cumulativamente:

- O facto gerador da obrigação respeite as normas legais aplicáveis;
- Disponha de inscrição orçamental no programa e no serviço ou na entidade, tenha cabimento e identifique se os pagamentos se esgotam no próprio ano ou em anos futuros, no período previsto para o programa;
- Satisfaça os requisitos de economia, eficiência e eficácia.

O CCP exige igualmente (art.º 35º) a fundamentação da escolha do procedimento de formação de contratos, competindo a escolha do procedimento (e respetiva fundamentação) ao órgão competente para contratar.

O dever de fundamentação é, aliás, um dever geral da atividade administrativa, estando consagrado no art.º 152º do Código de Procedimento Administrativo (CPA), pelo que no que respeita à realização de despesa, é naturalmente exigida fundamentação clara, concisa e objetiva que, como garante de transparência na boa gestão dos dinheiros públicos, permita saber quem, quando, porquê e com que objetivos tomou a decisão que originou a despesa.

[44] Aprova o regime da administração financeira do Estado (RAFE).

2.2. Princípio da unidade da despesa

Nos termos do art.º 16º do DL nº 197/99, de 8 de junho, e para efeitos de autorização da despesa, o valor a considerar é a do custo total da locação ou da aquisição de bens ou serviços, sendo proibido o fracionamento da despesa com o propósito de a subtrair ao respetivo regime de autorização.

Isto não implica que toda a despesa com aquisições de bens ou serviços seja feita num único procedimento, o que em muitas organizações seria impossível de concretizar pela grande variedade de artigos utilizados. Implica sim que sejam realizados os procedimentos considerados necessários, de acordo com o interesse público e com a natureza dos bens ou serviços a adquirir (seguindo a máxima popular de "não misturar alhos com bugalhos) e que eventuais fracionamentos não visem, intensionalmente, defraudar o regime legal de autorização de despesa, mas sim respeitar os princípios de economia, eficiência e eficácia.

Também o CCP, no nº 8 do seu art.º 17º, proíbe expressamente o fracionamento do valor do contrato com o intuito de o excluir de quaisquer exigências legais, nomeadamente as resultantes do próprio CCP, ou de evitar propositadamente um procedimento mais solene[45].

2.3. Despesa anual ou plurianual

No que respeita ao período de realização de despesa, a regra é que a mesma é anual, coincidindo com o ano civil, como resulta do art.º 22º do D.L. nº 197/99, de 8 de junho[46].

Quando a assunção de despesa seja plurianual ou em ano que não seja o da sua realização, carece de autorização prévia, nos termos do nº 1 do art.º 6º da Lei n.º 8/2012, de 21 de fevereiro – Lei dos Compromissos e dos Pagamentos em Atraso ou LCPA[47]:

[45] Cf. Acórdão do Tribunal de Contas nº 39/2010, de 3 de novembro.

[46] Cf. a lei de execução orçamental em vigor. Para 2018, o art.º 44º do DL nº 33/2018, de 15/05, alargou o limite temporal para despesa plurianual previsto na al. b) do art.º 22º do DL 197/99, de 8/06 e o respetivo valor, para determinados projetos.

[47] Com as alterações introduzidas pela Lei n.º 22/2015, de 17/03; Lei n.º 66-B/2012, de 31/12; Lei n.º 64/2012, de 20/12; Lei n.º 20/2012, de 14/05.

a) Por decisão conjunta dos membros do Governo responsáveis pela área das finanças e da tutela, quando envolvam entidades pertencentes ao subsetor da administração central, direta ou indireta, e segurança social e entidades públicas do Serviço Nacional de Saúde, salvo quando resultarem da execução de planos plurianuais legalmente aprovados;
b) Do membro do Governo Regional responsável pela área das finanças, quando envolvam entidades da administração regional;
c) Da assembleia municipal, quando envolvam entidades da administração local;
d) Da assembleia de freguesia, quando estejam em causa freguesias.

Nos termos do nº 1 do art.º 11º do D.L. nº 127/2012, de 21 de junho, alterado e republicado pelo Decreto-Lei n.º 99/2015, de 6 de junho, que regulamenta a LCPA, a

> "*autorização prévia do membro do Governo responsável pela área das finanças a que se refere a alínea a) do n.º 1 do artigo 6.º da LCPA é efetuada nas situações em que a assunção de compromissos plurianuais depende de portaria de extensão de encargos, mediante aprovação e assinatura desta portaria ou do ato de excecionamento a que se refere o n.º 7 do artigo 22.º do Decreto-Lei n.º 197/99, de 8 de junho*".[48]

De forma esquemática:

[48] Cf. Acórdão do Tribunal de Contas nº 15/2016, de 2 de dezembro (processo nº 960/2016). A falta de autorização para assumir encargos plurianuais representa a violação de norma financeira, implicando a recusa de visto do TC.

Figura 8 – **Aprovação de despesa plunianual**

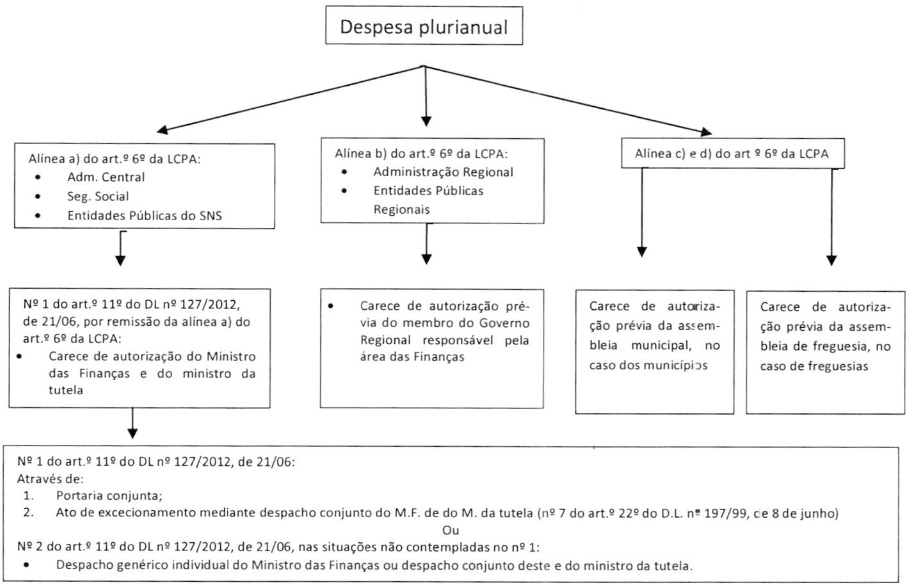

2.4. Alteração do montante da despesa autorizada

Nos termos do art.º 21º do D.L. n.º 197/99, de 8 de junho, a competência para autorização da despesa mantém-se para as despesas provenientes de alterações, variantes, revisões de preços e contratos adicionais, desde que o respetivo custo total não exceda 10% do limite da competência inicial para autorizar (e não do valor inicial do contrato).

Sendo ultrapassado este limite percentual, a autorização do acréscimo da despesa compete à entidade que, nos termos do artigo 17º D.L. n.º 197/99, de 8 de junho, detém a competência para autorizar a realização do montante total da despesa.

2.5. Cabimentação

Com a aprovação do procedimento de aquisição, deve ser feito o registo do cabimento da despesa provável[49]. A cabimentação é obrigatoriamente

[49] Art.º 13º do DL nº 155/92, de 28 de julho.

precedida da verificação da respetiva cobertura na dotação disponível, pelo que só pode ser dado cabimento se houver dotação disponível. A falta de informação sobre cabimento orçamental consubstancia uma violação direta das normas financeiras, podendo fazer incorrer em responsabilidade os titulares dos órgãos que aprovarem a despesa e implica a recusa de visto do Tribunal de Contas, se a ele houver lugar[50].

2.6. Compromissos

Nos termos da LCPA, é estabelecido que os titulares de cargos políticos e os dirigentes, gestores e responsáveis pela contabilidade das entidades, só podem assumir compromissos até ao montante dos fundos disponíveis (art.º 5 da LCPA).

Isto significa que é indispensável a demonstração da existência de "fundos disponíveis para que uma obrigação de efetuar pagamentos a terceiros possa ser assumida," ou seja, que existam "verbas disponíveis a muito curto prazo" para satisfazer essa obrigação, considerando que nessas verbas se incluem, nomeadamente, receita já realizada, as transferências financeiras previstas para os três meses seguintes e a receita expectável a realizar também nos três meses seguintes, desde que esses fundos não se encontrem comprometidos ou gastos (al. f) art.º 3º da LCPA e nº 1 do art.º 5º do DL nº 127/2012)[51] [52].

Por compromissos (art.º 3 da LCPA) entendem-se as obrigações de efetuar pagamentos a terceiros, em contrapartida do fornecimento de bens e serviços ou da satisfação de outras condições. Os compromissos consideram-se assumidos quando é executada uma ação formal pela entidade, como seja a emissão de ordem de compra, nota de encomenda ou documento equivalente, ou a assinatura de um contrato, acordo ou protocolo.

Para que o compromisso de despesa possa ser assumido, para além da inscrição orçamental, é necessário demonstrar a existência de fundos disponíveis para satisfazer a obrigação assumida.

[50] Cf. Acórdão do Tribunal de Contas nº 9/2012, de 21 de março (processo nº 233/2011).

[51] Cf. Acórdão do Tribunal de Contas nº 11/2017, de 17 de outubro (processo nº 2662/2017).

[52] O art.º. 82 da Lei nº 114/2018, de 29 de dezembro, que aprova o OE 2018, determina que as autarquias locais com pagamentos em atraso considerem, durante o ano 2018, como fundos disponíveis as verbas relativas aos 6 meses seguintes e não apenas as dos 3 meses seguintes como definido na LCPA. Terá assim que se atender às exceções que, em cada ano, o Orçamento do Estado possa introduzir nestas matérias.

Sob pena de nulidade e sem prejuízo das responsabilidades criminal, financeira, disciplinar e civil aplicáveis, bem como do disposto nos artigos 9.º e 10.º do D.L. n.º 127/2012, nenhum compromisso pode ser assumido sem que tenham sido cumpridas as seguintes condições (n.º 3 do artigo 7.º do Decreto-Lei n.º 127/2012):

- Verificada a conformidade legal e a regularidade financeira da despesa, nos termos da lei;
- Registado no sistema informático de apoio à execução orçamental;
- Emitido um número de compromisso válido e sequencial que é refletido na ordem de compra, nota de encomenda ou documento equivalente.

Há ainda que reter que, nos termos do n.º 1 do artigo 287.º do CCP, a plena eficácia dos contratos e das suas modificações formais, depende da emissão dos atos de aprovação, de visto ou de outros atos integrativos de eficácia exigidos por lei[53].

2.7. Competência para autorizar os procedimentos

Como já referido, a competência para autorizar despesas e, por natureza, os respetivos procedimentos para aquisição e locação de bens e serviços e os limites dos respetivos valores, encontra-se prevista nos artigos 17º a 21º e 29º do D.L. nº 197/99, de 8 de junho.

[53] Cf. Acórdão do Tribunal de Contas nº 12/2015, de 29 de setembro (processo nº 1300/2015). A assunção do compromisso da despesa sem que existam fundos disponíveis, corresponde a violação direta das normas financeiras e constitui fundamento para a recusa de visto do Tribunal de Contas, nos termos do art.º 44º da LOPTC.

Tabela 9 – **Art.º 17º do D.L. nº 197/99, de 8 de junho**

<table>
<tr><th></th><th>Diretores-gerais ou equiparados e órgãos máximos dos serviços com autonomia administrativa</th><th>Órgãos máximos dos organismos dotados de autonomia administrativa e financeira, com ou sem personalidade jurídica</th><th>Ministros</th><th>Primeiro-ministro</th><th>Conselho de Ministros</th></tr>
<tr><td>Despesas com locação e aquisição de bens e serviços</td><td>Até 99.759,58€</td><td>Até 199.519,16€</td><td>Até 3.740.984,20€</td><td>Até 7.481.968,46€</td><td rowspan="3">Sem limite</td></tr>
<tr><td>Despesas incluídas em planos de atividade aprovadas pelo ministro da tutela</td><td>Até 149.639,37€</td><td>Até 299.278,74€</td><td></td><td></td></tr>
<tr><td>Despesas incluídas em planos plurianuais legalmente aprovados</td><td>Até 498.797,90€</td><td>Até 997.595,79€</td><td>Sem limite</td><td>Sem limite</td></tr>
</table>

Há que reter que, relativamente aos institutos públicos, por força do art.º 38º da Lei nº 3/2004, de 15 de janeiro, que aprova a Lei-quadro dos Institutos Públicos, em matéria de autorização de despesas o conselho diretivo tem a competência atribuída na lei aos titulares dos órgãos máximos dos organismos dotados de autonomia administrativa e financeira, ainda que o instituto público apenas possua autonomia administrativa[54].

Determina ainda que se considera delegada nos conselhos diretivos dos institutos públicos dotados de autonomia financeira, a competência para

[54] Alterado pelo DL n.º 96/2015, de 29/05; DL n.º 40/2015, de 16/03; DL n.º 102/2013, de 25/07; Lei n.º 66-B/2012, de 31/12; Lei n.º 24/2012, de 09/07; DL n.º 123/2012, de 20/06; DL n.º 5/2012, de 17/01; Lei n.º 57/2011, de 28/11; Resol. da AR n.º 86/2011, de 11/04; DL n.º 40/2011, de 22/03; Lei n.º 64-A/2008, de 31/12; DL n.º 105/2007, de 03/04; DL n.º 200/2006, de 25/10; Lei n.º 51/2005, de 30/08.

autorização de despesas que, nos termos da lei, só possam ser autorizadas pelo membro do Governo da tutela, sem prejuízo de este poder, a qualquer momento, revogar ou limitar tal delegação de poderes.

Tabela 10 – **Art. nº 18º do D.L. nº 197/99, de 8 de junho**

	Presidentes de Câmara	Conselhos de Adm. de serviços municipalizados	Câmaras municipais	Juntas de freguesia	Cons. Adm. das associações de autarquias locais	Órgão executivo de entidades equiparadas a autarquias locais
Despesas com locação e aquisição de bens e serviços	Até 149.639,37€	Até 149.639,37€	Sem limite	Sem limite	Sem limite	Sem limite
Despesas com obras ou reparações por administração direta			Até 149.639,37€*	Até 49.879,79€*		

* Estes valores podem ser aumentados pelas respetivas assembleias deliberativas (nº 2 do art. 18).

A despesa com seguros e com contratos de arrendamento encontra-se igualmente regulamentada pelo D.L. nº 197/99, de 8 de junho, por remissão da alínea f) do nº 1 do art.º 14º do D.L. nº 18/2008, de 29 de janeiro.

No que respeita à despesa com seguros, aplica-se o art.º 19º D.L. nº 197/99, de 8 de junho, que trata a sua aquisição como excecional e exige autorização prévia do ministro da tutela e do Ministro das finanças, com exceção dos seguros previstos no seu nº 2:

a) Quando se trate do seguro obrigatório de responsabilidade civil automóvel;
b) Seja imposto por leis locais ou do titular do direito a segurar e tenha que ser efetuado no estrangeiro;
c) Seja relativo a bens culturais e outros casos previstos em norma especial;

d) Respeite a outras coberturas legalmente obrigatórias[55].

Também em relação aos contratos de arrendamento, mantém-se em vigor o regime previsto no art.º 20º do D.L. nº 197/99, de 8 de junho, que estabelece que a competência para autorizar despesas com arrendamento de imóveis, para instalação de serviços do Estado ou organismos com autonomia administrativa e financeira, com ou sem personalidade jurídica, é do respetivo ministro quando a renda anual não exceda o valor de 199.519,16€ ou, sendo superior a esse valor, do ministro da tutela e Ministro das Finanças[56].

As competências previstas no CCP e atribuídas ao órgão competente para a decisão de contratar, podem ser delegadas nos termos do seu art.º 109º. No entanto, quando a entidade adjudicante seja um instituto público e a competência para a autorização da despesa tenha sido exercida por membro do Governo ou membro do Governo Regional da tutela, consideram-se delegadas no respetivo órgão diretivo as competências atribuídas pelo CCP ao órgão competente para a decisão de contratar (art.º 110º).

Quando o órgão competente para a decisão de contratar seja o Conselho de Ministros ou o Conselho do Governo Regional, consideram-se delegadas no Primeiro-Ministro ou no Presidente do Governo Regional, as competências atribuídas pelo CCP (art.º 111º).

[55] Esta última alínea resulta de alteração ao art.º 19º do D.L. nº 197/99, de 8 de junho, introduzida pelo D.L. nº 33/2018, de 15 de maio.

[56] A gestão do património imobiliário do domínio público e privado do Estado, regiões autónomas e autarquias locais, onde se encontra previsto o regime de arrendamento e locação de imóveis, encontra-se prevista no D.L. nº 280/2007, de 7 de agosto.

O CÓDIGO DOS CONTRATOS PÚBLICOS

As referências a normas sem outra indicação expressa, reportam-se ao CCP.

A contratação pública de bens e serviços encontra-se prevista no Código dos Contratos Públicos, aprovado pelo DL nº 18/2008, de 29 de janeiro[57]. Este diploma regula os procedimentos aplicáveis à formação e execução de contratos públicos que assumam a natureza de contratos administrativos[58].Apesar de ter revogado e substituído o DL nº 197/99, de 8 de junho, os artigos 16º a 22º e o 29º deste último, relativos ao regime e competências no âmbito da realização de despesa pública, mantém-se em vigor por força da alínea f) do nº 1 do art.º 14º do D.L. nº 18/2008, de 29 de janeiro, como já referido.

O CCP é constituído por 5 partes. A Parte I (art.º 1º a art.º 15º) contém a definição dos âmbitos objetivo e subjetivo; a Parte IV (art.º 454-A a art.º 464-A) trata da governação e regime sancionatório, prevendo o acompanhamento e o regime sancionatório; a Parte V (art.º 465º a art.º 476º) contém as disposições finais, nomeadamente a publicitação dos contratos, comunicações e prazos.

O núcleo fundamental do CCP consta das Parte II e III. A parte II (art.º 16º a art.º 277º) versa sobre a formação dos contratos da administração e os procedimentos pré-contratuais, nomeadamente no que respeita aos critérios de escolha dos procedimentos, peças processuais e tramitação

[57] Ver art.º 437º e art.º 450º do CCP, para noção de aquisição de bens e de serviços, respetivamente.

[58] Alterado e republicado pelo DL nº 111-B/2017, de 31/08. Sofreu igualmente alterações introduzidas pelos seguintes diplomas: DL nº 33/2018, de 15/05; DL n.º 214-G/2015, de 02/10; DL n.º 149/2012, de 12/07: Lei n.º 64-B/2011, de 30/12; DL n.º 131/2010, de 14/12; Lei n.º 3/2010, de 27/04; DL n.º 278/2009, de 02/10; DL n.º 223/2009, de 11/09; Lei n.º 59/2008, de 11/09; Rect. n.º 18-A/2008, de 28/03.

processual. A Parte III (art.º 278º a art.º 464º), por seu lado, versa sobre o regime substantivo dos contratos administrativos, nomeadamente a invalidade, a execução do contrato, modificações, incumprimento ou extinção do contrato; a Parte III integra ainda disposições gerais relativas a contratos sobre o exercício de poderes públicos, contratos interadministrativos, parcerias público-privadas e ainda o regime material dos contratos de empreitada de obras públicas, concessão de obras públicas e de serviços públicos, aquisição de bens móveis e de serviços.

O CCP é extenso, complexo e, em alguns aspetos, incoerente. Trata matérias que poderiam constar de diplomas específicos (como a contratação nos setores da água, energia ou transportes) e exclui outros (como o setor da Defesa); regula determinados tipos contratuais como é o caso da locação ou aquisição de bens móveis, mas exclui outros, como a locação e aquisição de bens imóveis, sem que seja claro o critério de inclusão ou exclusão do legislador.

Capítulo 1
Âmbito de aplicação

O CCP, na sua parte II, regula a fase de formação dos contratos públicos, a qual, nos termos do seu art.º 1º "é aplicável à formação dos contratos públicos que, independentemente da sua designação e natureza, sejam celebrados pelas entidades adjudicantes referidas no presente Código e não sejam excluídas do seu âmbito de aplicação".

Por contrato administrativo entende-se, segundo Marcelo Rebelo de Sousa, um acordo de vontades com intuito de produção de efeitos sobre uma relação jurídica administrativa, ou seja, é um ato bilateral em que pelo menos uma das partes é necessariamente um contraente público, na aceção do art.º 3º[59]. No âmbito do CCP, pode-se qualificar como contrato administrativo o contrato qualificado como tal por força da lei, ou por vontade das partes, sujeitando-se a um regime de direito público.

As entidades adjudicantes para efeitos do CCP (art.º 2º) são, por seu lado:

- O Estado;
- As Regiões Autónomas;
- As autarquias locais;
- Os institutos públicos;
- As entidades administrativas independentes;

[59] Sousa & Matos, 2010.

- O Banco de Portugal;
- As fundações públicas;
- As associações públicas;
- As associações de que faça parte uma ou várias das pessoas coletivas anteriormente referidas e que sejam maioritariamente financiadas por estas, estejam sujeitas ao seu controlo ou tenham órgão de gestão, direção ou fiscalização designadas pelas mesmas.

São igualmente entidades adjudicantes (nº 2 do art.º 2º) as pessoas coletivas de direito público que, independentemente da sua natureza pública ou privada, tenham sido criadas para, cumulativamente:

- Satisfazer necessidades de interesse geral;
- Necessidades essas sem carácter comercial ou industrial;
- Estejam sob controlo ou sejam maioritariamente financiadas por entidades identificadas no nº 1 do art.º 2.

1.1. Contratos excluídos

Encontram-se excluídos do âmbito de aplicação do CCP os contratos identificados no seu art.º 4º:

- Contratos celebrados ao abrigo de convenção internacional, nos termos do nº 1 do art.º 4;
- Contratos de trabalho em funções públicas ou contratos individuais de trabalho;
- Contratos de doação de móveis a favor de qualquer entidade adjudicante;
- Contratos de compra e venda, doação, permuta e arrendamento de bens imóveis;
- Contratos de aquisição ou produção de programas de comunicação social audiovisuais ou radiofónicos;
- Contratos destinados à satisfação de necessidades dos serviços e delegações das entidades identificadas no art.º 2, situadas fora do território nacional e do Espaço Económico Europeu.

Se, por um lado, no art.º 4º do CCP há um conjunto de contratos excluídos totalmente do âmbito deste Código, por força do seu art.º 5º verifica-se a exclusão da aplicação da Parte II do CCP à formação de determinados contratos:

- Contratos cujo objeto abranja prestações que não sejam suscetíveis de estar submetidas à concorrência de mercado[60].
- Contratos que devam ser celebrados por uma entidade que seja ela própria uma entidade adjudicante ou cujo objeto consista na atribuição por estas de subsídios ou subvenções de qualquer natureza[61].
- Contratos de sociedades cujo capital social seja integralmente detido por qualquer uma das entidades adjudicantes.
- Contratos relativos aos mercados de instrumentos financeiros ou no âmbito da gestão da dívida pública.
- Contratos celebrados entre entidades adjudicantes e centrais de compras públicas para prestação de serviços de gestão de compras centralizadas.
- Contratos no âmbito da Defesa e Segurança.
- Contratos que, nos termos da lei, sejam classificados como secretos.
- Contrato de aquisição de serviços de investigação e desenvolvimento, nos termos definidos.
- Contratos celebrados pelas entidades referidas no nº 2 do art.º 2 do CCP e pelo Banco de Portugal, quando não integrem prestações típicas das empreitadas ou concessão de obras públicas, concessão de serviços públicos, locação e aquisição de bens móveis ou aquisição de serviços.

Também no âmbito do setor público, não é aplicável a Parte II do CCP à formação de contratos quando:

- A entidade adjudicante exerça, sobre atividade da adjudicatária, um controlo análogo ao que exerce sobre os seus próprios serviços (art.º 5-A);
- A entidade controlada desenvolva mais de 80% da sua atividade no desempenho de funções confiadas pela entidade adjudicante que a controla;

[60] Ver nº 2 do art.º 16.

[61] Ver art.º 2. Cf. Acórdão do Tribunal de Contas nº 01/2015, de 13 de janeiro (processo nº 2378/2014), quanto aos pressupostos necessários.

- Não haja participação direta de capital privado na entidade controlada, sendo o mesmo aplicável aos contratos em que a entidade adjudicante é controlada pela entidade adjudicatária.

No art.º 5º-A estamos perante o que se designa comumente por contratação "in-house", distinguindo-se:

- Contratação "in-house" vertical, quando estamos perante o controlo da entidade adjudicatária pela entidade adjudicante (nº 1 do art.º 5º-A)[62].
  Podemos também estar perante a contratação "in house" em sentido inverso, em que a entidade controlada adjudica contratos à entidade que a controla (nº2 do art.º 5º-A).
- Contratação "in-house" horizontal, quando estamos perante a adjudicação de contratos entre entidades controladas por uma terceira (nº 2 do art.º 5ºA).

O art.º 5º-A, no seu nº 5, consagra ainda outra figura perante a qual a parte II do CCP não é igualmente aplicável e que podemos designar de contratos de cooperação entre entidades públicas. Esta exclusão da parte II do CCP, ocorre quando estamos perante cooperação entre entidades adjudicantes regida exclusivamente por considerações de interesse público, não existindo entre elas qualquer relação de dependência jurídica ou económica. Trata-se de aplicar na prática a regra da boa partilha de recursos públicos e consubstancia-se quando, cumulativamente:

- O contrato estabelece uma cooperação entre as entidades adjudicantes, no âmbito de tarefas públicas que lhes estão atribuídas e que apresentam uma conexão relevante entre si;
- A cooperação é regida exclusivamente por considerações de interesse público; e
- As entidades adjudicantes não exercem no mercado livre mais de 20% das atividades abrangidas pelo contrato de cooperação.

[62] Cf. por exemplo, o Acórdão do Tribunal de Contas nº 01/2010, de 19 de janeiro (processo nº 193/09).

A contratação excluída tem como consequência a não aplicação de qualquer procedimento pré-contratual, estabelecido nos termos da Parte II do CCP. No entanto, a celebração dos contratos a que se referem os artigos 5º e 5º-A encontram-se sujeitos aos princípios gerais da atividade administrativa e, com as adaptações necessárias (art.º 5º-B), aos princípios gerais da contratação pública previstos no art.º 1º-A do CCP.

Aos contratos de serviços sociais e de outros serviços específicos (art.º 6º-A) identificados no Anexo IX do CCP, não é igualmente aplicável a parte II do Código, exceto nas situações em que o valor do contrato ultrapasse o limiar previsto na alínea d) do nº 3 do art.º 474º.

Capítulo 2
Preparação do procedimento

A preparação de um procedimento de contratação pública exige planeamento que permita determinar o procedimento mais adequado, preparar as peças processuais necessárias e garantir o cumprimento de todo o normativo legal e processual[63].

2.1. Consulta preliminar ao mercado

Antes da abertura de um procedimento de formação de contrato, a entidade adjudicante pode fazer consultas informais ao mercado (art.º 35º-A), de forma a melhor planear e preparar a contratação[64].

Não se trata de um procedimento obrigatório, nem as entidades adjudicantes são obrigadas a conduzir uma consulta preliminar sempre que queiram iniciar um procedimento pré-contratual. Caso o procedimento de formação de contratos públicos tenha como objeto a aquisição de bens ou serviços cujo valor e natureza são conhecidos pela entidade adjudicante, não se justifica a realização de uma consulta preliminar.

No entanto, há que considerar a necessidade de fundamentar o preço base em critérios objetivos (nº 3 do art.º 47º), pelo que a consulta preliminar é um mecanismo relevante para essa fundamentação, sempre que não haja um conhecimento profundo do mercado.

[63] Ver anexo II – modelo de lista de verificação. A utilização de uma lista de verificação como a proposta em anexo, é uma ferramenta importante na gestão do procedimento.

[64] Inovação introduzida no CCP pelo D.L. nº 111-B/2017, de 31 de agosto.

A entidade adjudicante nem sempre tem conhecimento das várias soluções que existem no mercado e que possam satisfazer a necessidade subjacente à decisão de contratar, assim como pode desconhecer aspetos relevantes para a elaboração do caderno de encargos, pelo que pode recorrer a peritos e a agentes económicos, incluindo-se nestes eventuais concorrentes ao procedimento que a entidade adjudicante pretende abrir.

A consulta preliminar, se bem que informal (não obedece a qualquer tipo de procedimento pré-definido), não pode distorcer a concorrência nem pôr em causa os princípios da não discriminação e da transparência. O mesmo é dizer que, pelo facto de um concorrente a um procedimento de formação de contrato ter participado numa consulta preliminar, não poderá daí retirar qualquer benefício (nº 2 do art.º 35-A).

Isto significa que a entidade adjudicante, ao recorrer a uma consulta preliminar em que participe potencial concorrente ao procedimento pré contratual, deverá acautelar e impedir eventuais restrições à concorrência, que poderão ocorrer se, por exemplo, no caderno de encargos elaborado com a informação obtida nessa consulta preliminar, impuser condições ou definir requisitos (técnicos, tecnológicos, ou outros) exclusivos da entidade que colaborou nessa consulta preliminar ou que, de alguma forma, crie dificuldades injustificadas à concorrência desta[65].

O nº 3 do art.º 35º-A prevê que a entidade adjudicante deverá tomar as medidas necessárias para evitar qualquer distorção da concorrência, em virtude do recurso à consulta preliminar. O CCP não concretiza que medidas deverão ser tomadas, no entanto a principal vantagem que poderá ocorrer para os operadores do mercado que participem na consulta preliminar, será o conhecimento antecipado da realização de um procedimento pré-contratual, o que poderá ser uma vantagem significativa. A melhor forma de diluir tal vantagem será através da definição de prazos alargados para entrega de propostas, já que os prazos previstos no CCP são os mínimos, não havendo impedimento a prazos mais dilatados[66].

O nº 4 do art.º 35º-A prevê, como mecanismo garante de transparência, que as informações obtidas através de concorrente em sede de consulta preliminar, sejam comunicadas a todos os concorrentes ou candidatos ao procedimento.

[65] Ver alínea i) do nº 1 do art.º 55º do CCP

[66] Cf. artº 136º e artº. 191

No entanto esta obrigação deve, a nosso ver, ser considerada com alguma prudência já que, caso se divulgue toda a informação obtida junto de operadores do mercado através da consulta preliminar, poderá ser divulgada informação considerada por estes como reservada ou como segredo comercial, o que levará a que não queiram participar neste instrumento de preparação do procedimento pré-contratual, levando na prática à sua inviabilização.

Competirá à jurisprudência, em particular do Tribunal de Contas, definir que informações obtidas através da consulta preliminar serão pertinentes para efeito da comunicação prevista no nº 4 do art.º 35º-A. Em nosso entender, deverá ser suficiente a elaboração de um anexo ao programa, no qual sejam identificados os operadores económicos que forneceram informações em sede de consulta preliminar, o preço médio obtido e as caraterísticas genéricas dos bens ou serviços indicados, sob pena dos operadores económicos se escusarem a participar neste mecanismo, com receio de verem divulgados os seus segredos ou estratégias comerciais.

2.1.1. Anúncio de pré-informação

As entidades adjudicantes previstas no art.º 2º podem enviar para publicação no JOUE um anúncio de pré-informação, nos termos do nº 1 do art.º 48º da Diretiva nº 2014/24UE, do Parlamento Europeu e do Conselho, de 26 de fevereiro (art.º 34º do CCP). Este anúncio deve indicar os procedimentos e respetivos preços estimados, se iguais ou superiores aos limiares previstos no art.º 474º, que a entidade adjudicante considera abrir nos 12 meses subsequentes.

O recurso à publicação de tais anúncios tem como consequência a redução dos prazos para apresentação de propostas, nos termos dos art.º 136º e 191º.

2.2. Decisão de contratar

O procedimento de formação do contrato inicia-se com a decisão de contratar por parte do órgão competente para autorizar a despesa, decisão essa que carece de fundamentação (art.º 36º)[67].

A escolha do procedimento de formação do contrato é incumbência do órgão competente para a decisão de contratar e carece igualmente de fundamentação (art.º 38º).

[67] Ver art.º 153º do Código do Procedimento Administrativo, relativos aos requisitos da fundamentação.

Apesar do procedimento de formação de contrato se iniciar com a decisão do órgão competente, os efeitos jurídicos vinculativos para a administração pública daí resultantes perante terceiros interessados, nomeadamente o dever de adjudicação previsto no art.º 76º, apenas se formam com a publicitação por via de anúncio ou convite, da intenção por parte da entidade adjudicante em contratar determinados bens ou serviços.

A decisão de contratar deve ter como base uma expressão de necessidades, em que é apresentada e explicada a necessidade. Essa expressão de necessidades pode ser, nomeadamente, um pedido de armazém para reposição de stock ou um pedido de equipamento por parte de um serviço utilizador e permitirá ao serviço responsável pela gestão dos procedimentos de contratação, encontrar a melhor forma de satisfazer a necessidade e preparar o procedimento de aquisição adequado, se necessário.

2.2.1. Adjudicação por lotes

A entidade adjudicante pode prever nas peças do procedimento, a adjudicação por lotes. Esta é, aliás, a regra para procedimentos para formação de contratos de aquisição ou locação de bens, ou aquisição de serviços de valor superior a 135.000€ e empreitadas de obras públicas de valor superior a 500.000€, como previsto no nº 2 do art.º 46º-A, já que a decisão de não contratação por lotes obriga a fundamentação.

Consideram-se, nomeadamente, os seguintes fundamentos para não haver lugar à divisão por lotes:

- As prestações a abranger pelo objeto são técnica ou funcionalmente incindíveis ou, não o sendo, a sua divisão em lotes causa graves inconvenientes para a entidade adjudicante;
- Por motivos de urgência ou por imperativos técnicos ou funcionais, a gestão de um único contrato se revele mais eficiente para a entidade adjudicante.

A peça do procedimento onde deverá constar a opção pela adjudicação por lotes e a identificação dos mesmos, ou a fundamentação para a não contratação por lotes, será o programa ou o convite do procedimento, como se depreende dos n.º 4 e nº 5 do art.º 46º-A, bem como da definição de programa constante do art.º 41º, já que este é o regulamento que define os termos a que obedece a fase do procedimento pré contratual até à celebração do contrato.

A entidade adjudicante pode limitar o número de lotes a adjudicar a cada concorrente (nº 4 do art.º 46º-A). Para tal deve:

- Indicar essa limitação nas peças do procedimento;
- Definir expressamente nas peças do procedimento os critérios objetivos e não discriminatórios em que se baseia a escolha dos lotes a adjudicar a cada concorrente, nos casos em que a aplicação dos critérios de adjudicação resulte na atribuição, ao mesmo concorrente, de um número de lotes superior ao máximo fixado.

A entidade adjudicante pode, ainda, optar por celebrar contratos que combinem alguns ou a totalidade de lotes, desde que tal opção seja prevista expressamente no convite ou no programa do procedimento, devendo também estabelecer previamente os critérios que fundamentem as várias hipóteses de combinação possíveis (nº. 5 do art.º 46º-A).

2.2.2. Preço base

Por preço base entende-se o valor máximo que a entidade adjudicante está disposta a pagar pela execução das prestações objeto do contrato, incluindo as eventuais renovações deste (art.º 47º). É causa de exclusão das propostas que o ultrapassem (alínea d) do nº 2 do art.º 70º).

Só estamos perante um preço base caso este constitua um aspeto da execução do contrato submetido à concorrência, ou seja, se aos concorrentes for dada a liberdade de proporem o preço que pretendem receber pela execução do contrato, até ao limite máximo estabelecido pelo preço base[68]. Se a entidade adjudicante estabelecer nas peças do procedimento o valor concreto e determinado que irá pagar, não submetendo o preço à concorrência, não estamos perante um preço base mas sim perante um parâmetro base[69].

[68] Ver nº 3 e nº 4 do art.º 42º.

[69] Um preço contratual superior ao preço base leva à exclusão da proposta nos termos da alínea d) do nº 2 do art.º 70. Já a violação de um parâmetro base em sentido lato ou a violação de termos ou condições não submetidos à concorrência, dá lugar à exclusão da proposta com base na alínea b) do nº 1 do mesmo artigo.

No entanto não podemos ignorar que o preço base é também, por si só, um parâmetro base, se consideramos que:

- Os parâmetros base traduzem-se em limites mínimos ou máximos fixados no caderno de encargos, para aspetos da execução do contrato submetidos à concorrência, que podem respeitar designadamente ao preço a pagar (nº 4 do art.º 42º);
- O preço base é, nos termos do art.º 47º, o preço máximo que a entidade adjudicante se dispõe a pagar pela execução de todas as prestações que constituem o seu objeto[70].

O preço base deve ser definido no caderno de encargos, podendo não ser fixado apenas em situações excecionais e devidamente fundamentadas, quando cumulativamente (nº 5 do art.º 47º):

- O procedimento permita a celebração de contratos de qualquer valor; e
- O órgão competente para a decisão de contratar não esteja sujeito a limites máximos de autorização de despesa ou ao regime de autorização de despesas.

Caso o contrato a celebrar não implique o pagamento de um preço pela entidade adjudicante, o preço base corresponde ao montante previsível a receber pelas prestações que constituem o objeto do contrato (nº 2 do art.º 47º). Será o caso, por exemplo, de uma entidade pública que inicia um procedimento pré-contratual para celebração de contrato de concessão de espaço público, definindo como preço base o valor que estima poder vir a receber por parte do adjudicatário ao longo da execução do contrato.

A definição do preço base não pode resultar do livre arbítrio da entidade adjudicante, devendo fundamentar-se em critérios objetivos, nomeadamente através de preços atualizados de mercado obtidos mediante consulta preliminar ao mercado (nº 3 do art.º 47º).

A obrigatoriedade de fundamentar a definição do preço base em preços de mercado objetivos, é um mecanismo que visa obstaculizar a definição de preço base com valores inferiores aos praticados no mercado, com o intuito

[70] Cf. Acórdão do Tribunal de Contas nº 13/2016, de 14 de julho (processo de fiscalização prévia nº 94/2015).

de promover um concurso público sem apresentação de propostas para, por via da alínea a) do nº 1 do art.º 24, justificar-se o recurso a ajuste direto.

O preço base deve, por um lado, respeitar os limites de valor até aos quais pode ser utilizado o tipo de procedimento escolhido e, por outro e se aplicáveis, os limites máximos de autorização de despesa do órgão competente para a decisão de contratar (nº 4 do art.º 47º).

2.2.3. Fundamentação do prazo de vigência

No caso de contratos de locação ou de aquisição de bens móveis ou aquisição de serviços, a fixação no caderno de encargos de um prazo de vigência do contrato superior a três anos, carece de fundamentação (art.º 48º). Obedece igualmente ao regime de aprovação de despesa plurianual, conforme referido no capítulo dedicado à despesa.

2.3. Especificações técnicas

Por especificações técnicas entende-se genericamente as caraterísticas exigidas à obra, produto ou serviço e que permitem a sua caraterização de forma a corresponderem à utilização pretendida pela entidade adjudicante.

O art.º 49º remete-nos para o Anexo VII do CCP, onde encontramos o que se entende por:

- **Especificação técnica:**
  - No caso de empreitadas: as prescrições técnicas que definem as caraterísticas exigidas ao material ou produto e que permitem caraterizá-los, incluindo níveis de desempenho ambiental e climático;
  - No caso da aquisição ou locação de bens móveis ou aquisição de serviços: especificação que define as caraterísticas exigidas a um produto ou serviço, tais como níveis de qualidade ou desempenho.
- **Norma:** especificação técnica aprovada por organismo de normalização reconhecido e acessível ao público em geral e cuja observância não é obrigatória, podendo ser norma internacional, europeia ou nacional, conforme seja aprovada respetivamente por organismo de normalização internacional, europeu ou nacional;
- **Avaliação técnica europeia:** avaliação documentada do desempenho de um produto de construção, em conformidade com o respetivo documento de avaliação e como definido no Regulamento (UE) nº 305/2011 do Parlamento Europeu e do Conselho, de 9 de março;

- **Especificação técnica comum:** especificação técnica no domínio das tecnologias de informação e comunicação estabelecida de acordo com o Regulamento (UE) nº 1025/2012 do Parlamento Europeu e do Conselho, de 25 de outubro de 2012;
- **Referencial técnico:** qualquer produto elaborado por organismos europeus de normalização, que não as normas europeias, mas em conformidade com procedimentos adaptados à evolução das necessidades do mercado.

É de realçar que as especificações técnicas não podem constituir nem ser utilizadas como obstáculo injustificado à concorrência. Não devem ser feitas referências a processos de fabrico, proveniência, procedimento, nem a marcas ou patentes que permitam beneficiar ou prejudicar indevidamente concorrentes ao procedimento, salvo em situações excecionais em que não seja possível uma descrição suficientemente precisa e percetível do objeto do contrato, devendo nesse caso, a referência ser acompanhada da menção "ou equivalente" (nº 8 e 9 do art.º 49º), cabendo ao concorrente o ónus da prova do cumprimento das especificações técnicas.

A existência de divergências entre o exigido nas peças do procedimento e a proposta não constitui fundamento de exclusão, desde que esta não apresente atributos que violem os parâmetros base fixados naquelas e o concorrente demonstre, de forma adequada e suficiente, que as soluções por si propostas satisfazem de modo equivalente as exigências definidas pelas peças processuais relativamente às especificações técnicas[71].

A inclusão nas peças do procedimento de marcas comerciais desacompanhadas da expressão "ou equivalente", sempre que não seja possível descrever de forma suficientemente inteligível e precisa as prestações objeto do contrato, é motivo de recusa de visto do Tribunal de Contas, por violação dos princípios da concorrência e da igualdade de oportunidades entre operadores económicos e, consequentemente, ser suscetível de alterar o resultado financeiro do contrato[72].

[71] Cf. Acórdão do Tribunal de Contas nº 20/10, de 6 de julho (proc. nº 10/2010).Tendo em conta o nº 4 do art.º 49, que proíbe a utilização das especificações técnicas como forma de limitação da concorrência, e a alínea b) do nº 2 do art.º 70º.

[72] Cf. Acórdão do Tribunal de Contas nº 44/2010, de 17 de dezembro (proc. nº 1468/2010) e Acórdão do Tribunal de Contas nº 05/2011, de 25 de janeiro de 2011 (proc. nº 1551/2010).

Capítulo 3
Definição do modelo de avaliação de propostas

Os aspetos do contrato a celebrar submetidos à concorrência variam de proposta para proposta, exigindo-se uma forma de avaliação objetiva e imparcial que permita à entidade adjudicante valorizar cada uma das propostas, de acordo com os aspetos submetidos à concorrência, garantindo o cumprimento dos princípios da igualdade, da concorrência, transparência, imparcialidade e boa fé. O programa do procedimento (al. n) do nº 1 do art.º 132º) ou, quando aplicável, o convite (art.º 115º), deve prever o modelo de avaliação de propostas.

Podemos definir modelo de avaliação de propostas como a metodologia para, de forma objetiva e imparcial, promover a avaliação dos aspetos do contrato a celebrar submetidos à concorrência, através de uma matriz decomposta em fatores e subfactores pontuados através de escalas de avaliação, com o objetivo de avaliar e graduar propostas, de modo a que as mesmas sejam ordenadas para efeitos de adjudicação[73].

Quando se fala em modelo de avaliação de propostas, entramos necessariamente no conceito de "adjudicação" (art.º 73º), o qual podemos definir como o ato administrativo pelo qual o órgão competente para a decisão de contratar, escolhe uma de entre as propostas apresentadas ou aceita a única que tenha sido apresentada ou admitida.

[73] Cf. Acórdão do Tribunal de Contas nº 18/2014, de 21 de outubro (proc. de fiscalização prévia nº 1473/2013.

O CCP diz-nos no seu art.º 74º, que a adjudicação é feita tendo como critério a proposta economicamente mais vantajosa, a qual será determinada por uma de duas modalidades:

- Melhor relação qualidade-preço, em que o critério de adjudicação será composto por um conjunto de fatores[74] e subfactores relacionados com aspetos da execução do contrato a celebrar, avaliando-se dois ou mais atributos das propostas;
- O preço ou custo, em que apenas o preço[75] releva para efeitos de ordenação das propostas.

Na prática, resultam do art.º 74 dois critérios de adjudicação, devendo a entidade adjudicante escolher aquele que, em concreto, melhor se ajuste a cada procedimento, salvo nos procedimentos de formação de contratos para os quais o critério de avaliação de propostas é, desde logo, imposto por lei.

Tabela 11 – **Critérios de adjudicação, por tipo de procedimentos**

Procedimento	Qualidade-preço al. a) do nº 1 do art.º 74	Preço al. b) do nº 1 do art.º 74
Ajuste direto	Pode utilizar um dos dois	
Consulta prévia	Pode utilizar um dos dois. Pode não utilizar um modelo de avaliação de propostas – al. b) do nº 2 do art.º 115º	
Concurso Público	Pode utilizar um dos dois – art.º 139º	
Concurso Público urgente	Não pode utilizar	Alínea b) do art.º 155º
Concurso limitado por prévia qualificação	Pode utilizar um dos dois – al. q) do nº 1 do art.º 164	
Procedimento de negociação	Pode utilizar um dos dois – art.º 139º; art.º 200	
Diálogo concorrencial	Nº 3 do art.º 206	Não pode utilizar
Parceria para a inovação	Nº 2 do art.º 218º-C	Não pode utilizar

Apesar de não ser exigido para o ajuste direto a indicação do critério de adjudicação, já que o art.º 115º apenas o exige, no seu nº 2, para a consulta prévia, entendemos que sempre que seja convidada mais do que uma

[74] Multifator

[75] Monofator

entidade, o convite deve mencionar o critério de adjudicação e, caso seja o da proposta economicamente mais vantajosa, deve ser indicado e devidamente densificado o modelo de avaliação de propostas, sob pena de violação dos princípios da imparcialidade, transparência e concorrência[76].

O preço ou o custo podem não ser submetidos à concorrência (nº 2 do art.º 74º), devendo essa opção ser fundamentada e estabelecido um preço fixo ou máximo no caderno de encargos[77].

É fundamental, para cumprimento do princípio da transparência, definir nas peças do procedimento (programa ou convite) não só o que se pretende contratar, mas também os requisitos de acesso ao procedimento, os aspetos submetidos à concorrência e a forma objetiva e clara como os mesmos serão avaliados.

No estabelecimento do modelo de avaliação, é assim necessário ter em consideração os seguintes aspetos fundamentais:

Tabela 12 – **Aspetos fundamentais a considerar no modelo de avaliação**

• A execução do contrato tem que traduzir o que foi exigido ao nível da avaliação de propostas. Ou seja, se a entidade adjudicante determina como fator ou critério de avaliação um determinado parâmetro, deverá ter forma de avaliar a qualidade do mesmo durante a execução do contrato (nº 1 e 2 do art.º 75º).
• Os critérios têm que estar relacionados com o objeto do contrato (nº 4 do art.º 75º).
• Os critérios de avaliação têm que ter tradução numa escala de pontuação (art.º 139º).

O modelo de avaliação de propostas corresponde ao que a entidade adjudicante na prática valoriza, pelo que os concorrentes procurarão corresponder com as suas propostas, ao que a entidade adjudicante demonstra valorizar através do modelo de avaliação das mesmas, ignorando outros aspetos que a entidade adjudicante demonstra não valorizar.

[76] Mesmo que seja convidada apenas uma entidade, entendemos que deve ser mencionado o critério de adjudicação (v.g. o preço), por uma questão de estratégia negocial.

[77] Por exemplo, pode uma entidade adjudicante pretender adquirir um produto cujas caraterísticas se encontram totalmente definidas, estabelecendo um preço fixo e submetendo à concorrência apenas a quantidade a fornecer, adjudicando ao concorrente que se proponha fornecer a maior quantidade ao preço fixado.

3.1. Fatores e subfatores

Os fatores e subfactores devem estar relacionados com o objeto do contrato a celebrar e incidir sobre todos os aspetos submetido à concorrência (nº 1 do art.º 75º). A definição clara dos fatores que densificam o critério de adjudicação é essencial para que os concorrentes definam a sua estratégia e façam valer os seus argumentos face à concorrência, apresentando a proposta que, na sua ótica, corresponderá à proposta economicamente mais vantajosa.

O desdobramento dos fatores em subfactores não é obrigatório, ficando ao critério da entidade adjudicante definir, perante o caso concreto, a conveniência desse desdobramento. O que é obrigatório é a densificação dos fatores do critério de adjudicação, esses sim indispensáveis para a valoração dos atributos das propostas e a determinação da proposta economicamente mais vantajosa[78].

Os fatores e subfactores que densificam o critério de adjudicação devem abranger todos os aspetos da execução do contrato a celebrar submetidos à concorrência e apenas estes, não podendo direta ou indiretamente avaliar qualidades, caraterísticas ou outros elementos de facto relativos aos concorrentes (art.º 75º), ou seja, devem limitar-se a avaliar a proposta e não o concorrente.

A avaliação da capacidade técnica e financeira dos concorrentes, caso seja pretendida, fica reservada para a fase de qualificação nos procedimentos pré-contratuais que a preveem, como o concurso limitado por prévia qualificação.

No entanto, ao abrigo da alínea b) do nº 2 do art.º 75º, os fatores e subfactores podem ser, designadamente e em função dos objetivos e das necessidades da entidade adjudicante, relativos à organização, qualificações e experiência do pessoal encarregado da execução do contrato, caso sejam aspetos relevantes na sua execução.

[78] Por exemplo, para aquisição de uma viatura, pode determinar-se como fator de avaliação a segurança passiva, avaliada de acordo com a pontuação atribuída pela Euro NCAP. No entanto, também se pode decompor esse fator em subfactores, tais como o número de airbags, disponibilização de cintos com pré-tensores, proteção de cabeça, entre outros, densificando assim o fator "segurança passiva" pelo desdobramento em vários subfactores, cada um a pontuar de acordo com uma escala de pontuação predefinida.

Resulta assim, a admissibilidade de fatores e subfactores relativos ao mérito técnico da organização e o perfil de qualificação e experiência do pessoal encarregue da execução do contrato.

O recurso a fatores desta natureza não implica a avaliação da experiência ou competência técnica dos concorrentes, mas sim a avaliação dos recursos humanos que estes se propõe afetar à execução do contrato, quando a sua qualidade é relevante para essa mesma execução.

Por exemplo, podemos avaliar os recursos humanos dos concorrentes através dos seguintes subfatores:

Tabela 13 – **Exemplo de avaliação dos recursos humanos**

Curriculum dos técnicos colaboradores da empresa. Valor: 10% determinados da seguinte forma:
a) Número de licenciados em engenharia civil com 20 ou mais anos de experiência:
a. Mais de 3 – 5 pontos;
b. 3 – 4 pontos;
c. 2 – 2 pontos;
d. 1- 1 ponto.
b) Número de licenciados em engenharia civil com pelo menos 10 anos de experiência
a. Mais de 3 – 5 pontos;
b. 3 – 4 pontos;
c. 2 – 2pontos;
d. 1 – 1 ponto.
c) Número de licenciados em engenharia eletrotécnica / eletromecânica com pelo menos 5 anos de experiência:
a. Mais de 3 – 5 pontos;
b. 3 – 4 pontos;
c. 2 – 2 pontos;
d. 1 – 1 ponto.
d) Número de Licenciados em Engenharia com formação e experiência mínima de 5 anos em Sistema de Gestão de Segurança e Saúde no Trabalho:
a. Mais de 3 – 5 pontos;
b. 3 – 4 pontos;
c. 2 – 2pontos;
d. 1 – 1 ponto.

A cada fator ou subfactor deve ter atribuída uma escala de pontuação, mas a avaliação não pode recorrer a elementos que dependam direta ou indiretamente dos atributos das várias propostas a apresentar, ou seja, não é possível a comparabilidade entre propostas ou o recurso a aspetos de uma proposta para avaliar outra (como seria o caso de, por exemplo, recorrer-se ao preço da proposta de preço mais baixo e a partir desse pontuar-se proporcionalmente os preços das restantes propostas).

A forma mais fácil para fixação dos coeficientes de ponderação de fatores e subfatores será através de uma escala numérica ou percentual. Os fatores podem, por exemplo, ser 5 no total, com um valor global de 100%, em que um fator vale 30%, outros dois 25% e outros dois 10% cada. No entanto, também é necessário definir como se pontuam as propostas em cada um destes fatores, através de uma escala de pontuação capaz de permitir a atribuição das várias pontuações parciais.

Assim, a título de exemplo, se o fator "qualidade" ponderado vale 30%, é necessário densificar e definir como se classificam as propostas nesse aspeto, podendo ser, por exemplo, numa escala de 0 a 100 pontos a atribuir a subfatores devidamente determinados (por exemplo, a certificação de acordo com norma internacional, existência de sistema de controlo de qualidade, entre outros).

Noutro exemplo, podemos avaliar o fator "Memória Descritiva":

Tabela 14 – **Exemplo de fatores de avaliação – memória descritiva**

Descrição do fator Memória Descritiva: 30%	Pontos
Memória descritiva justificativa muito bem elaborada e completa, com descrição pormenorizada dos trabalhos a desenvolver, focando aspetos constitutivos importantes tais como recursos humanos, materiais e ambientais. Os meios a utilizar encontram-se bem justificados tecnicamente, bem como os meios de estudo e inovação adotados para garantir a qualidade da prestação. A memória descritiva revela uma análise profunda dos locais e dos trabalhos a desenvolver	100
Memória descritiva justificativa elaborada com detalhe dos trabalhos a desenvolver, focando aspetos constitutivos importantes e justificando tecnicamente os meios humanos e materiais a empregar, nas diferentes tipologias de espaços, bem como alguns aspetos de meios de estudos e inovação adotada. A memória descritiva revela algum cuidado na análise dos locais e dos trabalhos a desenvolver embora não exaustiva.	70
Memória descritiva justificativa elaborada com referência aos trabalhos a desenvolver, focando apenas aspetos de carater geral e referindo alguns meios humanos e materiais a empregar, nas diferentes tipologias de espaços, embora sem grande detalhe.	20
Memória descritiva justificativa elaborada sem qualquer detalhe dos trabalhos a desenvolver, limitando-se a uma descrição sumária. Não introduz nem foca qualquer aspeto importante.	5

Ou a avaliação do fator "Plano de prestação de serviços":

Tabela 15 – **Exemplo de fatores de avaliação – plano de prestação de serviços**

Descrição do fator Plano da Prestação de Serviços: 20%	Pontos
Plano da prestação de serviços muito completo e adequado, prevê todas as atividades escalonadas por tipo de trabalhos, com indicação da sua duração, identificação dos responsáveis pela sua execução e controlo. Considera os condicionalismos da atividade. Identifica as diferentes áreas de trabalho, com identificação de equipamento e mão-de-obra associados a cada local. Dimensiona a duração previsível das atividades, em função do pessoal e equipamentos afetos.	100
O Plano da prestação de serviços adequado que considera todas as atividades escalonadas por tipo de trabalhos, mas não indica a duração nem os responsáveis. Distingue as diferentes áreas de trabalho, identifica equipamentos e mão-de-obra associados a cada local. Dimensiona a duração previsível das atividades, em função do pessoal e equipamentos afetos.	70
O Plano da prestação de serviços adequado que embora considere todas as atividades, não indica a duração de cada uma, nem responsáveis. Não distingue as diferentes áreas de trabalho e não afeta meios ou mão-de-obra associados a cada local. Dimensiona a duração previsível das atividades, não tendo em conta pessoal e equipamentos afetos.	20
O Plano da prestação de serviços pouco adequado porque considera as atividades de uma forma demasiado genérica, não indica a duração de cada uma nem define responsáveis. Não distingue as diferentes áreas de trabalho e não afeta meios ou mão-de-obra. Não dimensiona a duração previsível das atividades.	5

O art.º 139º exige que o modelo de avaliação de propostas contenha uma expressão matemática ou conjunto ordenado de diferentes atributos suscetíveis de serem propostos pelos concorrentes, para o aspeto da execução do contrato respeitante a esse fator ou subfator. A expressão ou fórmula matemática pode ser mais ou menos complexa, de acordo com os fatores e subfactores definidos no modelo de avaliação pela entidade adjudicante.

Caso a entidade adjudicante não opte pelo recurso a uma expressão ou fórmula matemática, pode estabelecer, como previsto no nº 3 do art.º 139º, "um conjunto ordenado de diferentes atributos suscetíveis de serem propostos" pelos concorrentes, que permitam a pontuação de forma objetiva dos fatores e subfatores. Será, por exemplo, a definição do fator "garantia" do bem a adquirir, em que as propostas que ofereçam 12 meses de garantia serão pontuadas com 1 ponto, as que ofereçam 18 meses serão pontuadas com 3 pontos, as que ofereçam 24 meses serão pontuadas com 5 pontos.

Na definição do modelo de avaliação deve prever-se a forma de desempate, não devendo utilizar-se como critério de desempate, o da data ou hora de entrega das propostas[79]. O critério de desempate poderá ser o do preço total mais baixo ou, permanecendo o empate, poderá recorrer-se aos preços decompostos ou a outros fatores, como por exemplo a pontuação obtida no fator "qualidade" e, por último ou caso o único critério seja o do mais baixo preço, pode recorrer-se a sorteio[80].

3.2. Proposta economicamente mais vantajosa

Quando a determinação da proposta economicamente mais vantajosa se faça pela relação qualidade-preço, ou a avaliação do preço se decomponha em mais do que um fator, o modelo de avaliação deve consubstanciar-se de forma a que a pontuação global de cada proposta seja expressa numericamente, em resultado da soma das pontuações parciais obtidas em cada fator ou subfactor, multiplicadas pelos valores dos respetivos coeficientes de ponderação (art.º 139º).

Há que reter que o CCP, ao estabelecer como critério de adjudicação o da proposta economicamente mais vantajosa (seja através da melhor relação qualidade-preço, seja apenas pela avaliação do preço ou custo), tem como objetivo proporcionar à entidade adjudicante a escolha de uma proposta que lhe garanta uma vantagem económica, através da escolha de um cocontratante e de uma proposta que satisfaça as suas necessidades, em condições financeiras e económicas favoráveis[81].

O modelo de avaliação de propostas deve estimular a concorrência e assegurar que a escolha recaia sobre a proposta de facto mais vantajosa para a entidade adjudicante[82].

O Tribunal de Contas, no seu Acórdão nº 27/13, de 5 de novembro, entende que relativamente à avaliação do preço:

> *"O funcionamento da concorrência no factor preço faz-se, normalmente, fixando um valor máximo e deixando que os concorrentes compitam entre si para oferecer o preço mais baixo possível. A avaliação mais compatível com o princípio da economia é a que valoriza*

[79] Cf. Acórdão do Tribunal de Contas nº 1/2013, de 8 de janeiro (processo nº 1481/2012).

[80] Cf. Decisão do Tribunal de Contas nº 1/FP72017.

[81] Cf. Acórdão do Tribunal de Contas nº 27/13, de 5 de novembro (processo nº 1406/2013).

[82] Cf. Acórdão do Tribunal de Contas nº 15/2016, de 2 de dezembro (processo nº 960/2016).

diferenças de preços para menos, quaisquer que elas sejam. As avaliações por intervalos de preços ou com escalas fechadas nos limites inferiores incentivam que as propostas se fixem nos limites desses intervalos, pois sendo indiferente, para efeitos de valorização, que o concorrente se proponha vender por 10 ou por 20, ele vai naturalmente oferecer por 20 o que poderia vender por 10. Deste modo, tal modelo influencia negativamente o funcionamento da concorrência, desfavorecendo a obtenção de propostas economicamente vantajosas para a entidade adjudicante".

Há assim que acautelar a forma de avaliação do fator preço, não caindo no erro de definir em sede de modelo de avaliação de propostas, intervalos de preços demasiado dilatados que incentivem a apresentação de preços desnecessariamente inflacionados.

Será exemplo a não utilizar o seguinte:

Preço base:	Pontuação do fator preço:	Valor até 80.000€	60 pontos
120.000€	60 pontos	Valor entre 80.001€ e 90.000€	40 pontos
		Valor entre 90.001€ e 100.000€	20 pontos
		Valor entre 100.001€ e 120.000€	10 pontos

Pese embora algum exagero, este formato corresponde a um método muito utilizado para avaliar o fator preço em procedimentos de contratação pública. A utilização prática deste modelo levaria a que não fosse proposto preço inferior a 80.000€, mesmo que fosse possível algum concorrente apresentar preço inferior, já que preços inferiores a 80.000€ serão na prática desvalorizados, o mesmo sucedendo com preços inferiores a 90.000€ no segundo patamar ou a 100.000€ no terceiro, já que obterão a mesma pontuação que os valores máximos dos respetivos patamares.

Mesmo que alguma proposta apresentasse preço de 60.000€, o modelo em causa não permitiria avaliar a sua eventual vantagem económica, já que receberia exatamente a mesma pontuação no facto preço que uma proposta com um valor de 80.000€.

Por outro lado, há que considerar a possibilidade de serem apresentadas propostas com preços que possam ser considerados anormalmente baixos, os quais poderão ser justificados e aceites nos termos do art.º 71º. Os critérios de avaliação do fator preço deverão possibilitar a avaliação de preços baixos, como é entendimento do Tribunal de Contas no seu Acórdão nº 22/2014, de 2 de dezembro:

> *"Integrar no modelo de avaliação desvalorizações ou desconsiderações de preços baixos viola igualmente o regime legal estabelecido no artigo 71.º do CCP, na medida em que a análise da aceitabilidade desses preços deve ser feita numa fase anterior à da avaliação, de acordo com procedimentos claramente estabelecidos na lei, nada consentindo que, depois de considerados como aceites, esses preços sejam desvalorizados. Levar ao modelo de avaliação das propostas preocupações que devem ser resolvidas numa fase anterior, e de acordo com um regime legal imperativo, é violar esse regime[83]."*

Na avaliação do fator Preço de Aquisição, poder-se-á aplicar a seguinte fórmula:

$$VPA = \frac{\text{Preço base} - \text{Preço da proposta em análise}}{\text{Preço base}} \times 100$$

Em que:

VPA – Valor obtido no Preço de Aquisição e indicado na proposta em análise.

Para cada um dos fatores e subfactores será aplicada a fórmula de modo a que haja estabilidade e robustez no modelo. Se na ótica da entidade adquirente quanto menor for o Preço de Aquisição, maior será o valor a atribuir à proposta do concorrente, já na eventual avaliação de fatores em que a proposta se valorize com prazos mais dilatados, tais como prazo de pagamento e prazo de garantia, em que o declive da função é positivo, a fórmula deve ser construída de modo a que o resultado da relação reflita o valor do atributo.

Exemplificando:

$$VPP = \left(\frac{PzMX - Pzpp}{Pzma - PzMX} + 1 \right) 100$$

[83] Acórdão do Tribunal de Contas nº 22/2014, de 2 de dezembro (recurso ordinário nº 6/2014-R).

Em que:

VPP – Valor obtido no Prazo de Pagamento e indicado na proposta em análise
PzMX – Prazo Máximo a considerar
Pzpp – Prazo proposto pelo concorrente
Pzma – Prazo mínimo aceitável

No exemplo anteriormente referido em que alguns fatores são avaliados mediante quadros de discriminadores, nada impede que se conjuguem com fatores avaliados mediante fórmulas, tendo sempre em consideração a ponderação de cada um dos fatores e subfactores.

Querendo valorizar o fator Custo Total mediante a conjugação de 2 subfactores (Preço de Aquisição e Custo de Manutenção), poderemos efetuar uma avaliação estruturada da seguinte forma:

1 – Custo Total, com a ponderação de 40%
1.1 – Subfactor, Preço de Aquisição – 70%
1.2 – Subfactor Custo de Manutenção – 30%
2 – Memória Descritiva, com a ponderação de 30%
3 – Plano de Prestação de Serviços, idem, 20%
4 – Qualidade do Quadro de Pessoal, idem, 10%

A fórmula que nos permite obter a pontuação definitiva e ponderada de cada proposta é a seguinte:

$$PFP = 0{,}4CT\,(0{,}7VPA + 0{,}3CM) + 0{,}3MD + 0{,}2PPS + 0{,}1QQP$$

Em que:

PPF – Pontuação final da proposta
CT – Custo Total
VPA – Valor obtido no Preço de Aquisição
CM – Custo de manutenção
MD – Memória descritiva
PPS – Plano de prestação de serviços
QQP – Qualidade do quadro de pessoal

É conveniente clarificar o método de arredondamento e estabelecer formas de desempate. Pode estabelecer-se, por exemplo, que nos cálculo dos fatores serão efetuados arredondamentos até à segunda casa decimal e que, em caso de empate, o desempate realizar-se-á pelo fator Preço. Mantendo-se o empate, o adjudicatário será definido por sorteio.

Relativamente ao prazo de pagamento, há que considerar o facto de o CCP definir em 60 dias o prazo máximo de pagamento (art.º 299º). O art.º 299º-A determina nulidade de cláusulas contratuais que prevejam, sem motivo justificado, prazos de vencimento superiores para obrigações pecuniárias, pelo que a definição de prazos de pagamento superiores a 60 dias sem fundamento e a utilização deste prazo no modelo de avaliação de propostas, constitui um potencial risco de nulidade do contrato ou do modelo de avaliação de propostas.

Capítulo 4
Escolha do procedimento

A formação de contratos cujo objeto abranja prestações que estejam sujeitas à concorrência de mercado, obedece à escolha de um dos tipos de procedimento definidos no nº 1 do art.º 16º do CCP:

- Ajuste direto;
- Consulta prévia;
- Concurso público;
- Concurso limitado por prévia qualificação;
- Procedimento de negociação;
- Diálogo concorrencial;
- Parceria para a inovação.

Consideram-se que estão sujeitas à concorrência de mercado e, por consequência, sempre sujeitas a um dos procedimentos identificados (nº 2 do art.º 16º), as prestações típicas dos seguintes contratos:

- Empreitadas de obras públicas;
- Concessão de obras públicas;
- Concessão de serviços públicos;
- Locação ou aquisição de bens móveis;
- Aquisição de serviços;
- Sociedade.

A escolha do procedimento pré-contratual é feita, em regra, em função de critérios de valor do contrato a celebrar ou em função de critérios materiais, podendo ainda ser em função do tipo de contrato ou em função da entidade adjudicante.

Há que ter em consideração que se a opção de determinada aquisição assume um caráter discricionário, assente em decisões gestionárias ou políticas (por exemplo a construção de uma escola ou a aquisição de viaturas por parte de um município), a escolha do procedimento mais adequado à sua concretização não cabe nesse poder discricionário, como aliás é jurisprudência do Tribunal de Contas:

> *"(...) a escolha do procedimento (...) configura, seguramente, um poder predominantemente vinculado, embora movendo-se também no domínio de alguma discricionariedade. É vinculado, porque a escolha do procedimento se subordina a critérios de valor, definidos legalmente, a princípios [da concorrência, igualdade, transparência...e proporcionalidade] também consagrados na Lei, regulamentação e jurisprudência comunitárias, e ainda a critérios de natureza material. É também vinculado, porque o procedimento escolhido deverá assegurar o fim que a Lei, com tal acto, pretende realizar e que, como é sabido, se confunde com a prossecução do interesse público[84]."*

4.1. Escolha do procedimento em função do valor do contrato

O valor do contrato é definido pelo valor máximo do benefício económico que o adjudicatário irá obter com a execução de todas as prestações e que constituem o seu objeto, incluindo não só o preço a pagar pela entidade adjudicante, mas também o valor de quaisquer outras prestações ou vantagens que, decorrente diretamente da execução do contrato, o adjudicatário venha a receber (art.º 17º).

O valor do contrato, o preço base e o preço contratual, assim como todas as quantias previstas no CCP, não incluem o imposto sobre o valor acrescentado ou IVA (art.º 473º), pelo que no cálculo do valor do contrato, para efeitos de escolha do procedimento, o IVA não deve ser considerado.

[84] Acórdão do Tribunal de Contas nº 24/2010, de 14 de setembro (processo nº 2285/2009).

Tabela 16 – **Procedimento em função do valor do contrato**

		Tipo de contrato		
		Locação ou aquisição de bens móveis e de aquisição de serviços	**Empreitadas de obras públicas**	**Outros contratos**
Procedimento previsto no CCP	**Ajuste direto**	Valor inferior a 20.000€ – alínea d) do nº 1 do art.º 20º CCP)	Valor inferior a 30.000€ – alínea d) do art.º 19º CCP)	Valor inferior a 50.000€ – alínea c) do nº 1 do art.º 21º CCP)
	Consulta prévia com convite a pelo menos 3 entidades	Valor inferior a 75.000€ – alínea c) do nº 1 do art.º 20º CCP)	Valor inferior a 150.000€ – alínea c) do art.º 19º CCP)	Valor inferior a 100.000€ – alínea b) do nº 1 do art.º 21º CCP)
	Concurso público ou concurso limitado por prévia qualificação, sem publicação no Jornal Oficial da União Europeia (JOUE)	**Estado** – valor até 144.000€* **Outras entidades adjudicantes** – até 221.000€* **Contratos relativos a serviços sociais e outros constantes do Anexo IX do CCP** – até 750.000€* Alínea b) do nº 1 do art.º 20 CCP e alíneas b), c) e d) do nº 3 do art.º 474º CCP,	Valor até 5.548.000€* Alínea b) do art.º 19º CCP e alínea a) do nº 3 do art.º 474º CCP	
	Concurso público ou concurso limitado por prévia qualificação, com publicação no Jornal Oficial da União Europeia	Qualquer que seja o valor do contrato Alínea a) do nº 1 do art.º 20º CCP	Qualquer que seja o valor do contrato Alínea a) do art.º 19º CCP	
	Concurso público, concurso limitado por prévia qualificação, procedimento por negociação, diálogo concorrencial ou parceria para a inovação sem publicação no JOUE			Qualquer que seja o valor do contrato Alínea a) do nº 1 do art.º 21º CCP)

* Limiares comunitários que entraram em vigor em 1 de janeiro de 2018, aprovados pelos regulamentos delegados UE 2017/2365 e EU 2017/2366, da Comissão Europeia, ambos de 18 de dezembro de 2017.

O ato de adjudicação de valor superior ao limiar legalmente estabelecido para o procedimento utilizado, tem como consequência quer a invalidade do ato de adjudicação quer do contrato subsequente, nos termos do art.º 283º do CCP[85].

O CCP faz referência aos limiares comunitários no seu art.º 474º, seguindo uma metodologia não muito feliz porque rapidamente ficará desatualizado, como aliás é referido no nº 5 deste mesmo artigo. De facto, os limiares comunitários são aprovados através de diretivas do Parlamento Europeu e do Conselho e atualizados regularmente (em regra, de 2 em 2 anos) através de regulamentos da Comissão, pelo que, ao longo da vigência do CCP será necessário verificar quais os limiares comunitários de facto em vigor a cada momento.

Em 1 de janeiro de 2018 entraram em vigor novos limares comunitários, aprovados pelos seguintes regulamentos da Comissão Europeia, datados de 18 de dezembro de 2017:

- Regulamento Delegado UE 2017/2364, referente aos contratos celebrados por entidades que operam nos setores da água, da energia, dos transportes e dos serviços postais;
- Regulamento Delegado UE 2017/2365, referente aos contratos de empreitadas obras públicas, de fornecimento de bens, de prestação de serviços e de concursos conceção;
- Regulamento Delegado EU 2017/2366, referente aos contratos de concessão de serviços públicos e de obras públicas.

Assim e como previsto no nº 5 do art.º 474º, deverão ser considerados os seguintes limiares comunitários:

[85] O regime de contencioso pré-contratual encontra-se previsto no art.º 100º e seguintes, do Código de Processo nos Tribunais Administrativos, aprovado pela Lei nº 15/2002, de 22 de fevereiro.

Tabela 17 – **Limiares comunitários**

Contrato	Valor do limiar comunitário	Regulamento
Empreitadas de obras públicas	5 548 000€	Regulamento Delegado UE 2017/2365
Fornecimentos de bens, serviços e concursos de conceção, adjudicados pelo Estado	144 000€	
Fornecimentos de bens, serviços e concursos de conceção, adjudicados por outras entidades	221 000€	
Serviços sociais e outros serviços específicos identificados no anexo IX do CCP	750 000€	
Concessão de serviços públicos e de obras públicas	5 548 000€	Regulamento Delegado UE 2017/2366

Limiares comunitários aplicáveis aos setores da água, da energia, dos transportes e dos serviços postais:

Tabela 18 – **Limiares comunitários para os setores da água, energia, transportes e serviços postais**

Contrato	Valor	Regulamento
Empreitadas de obras públicas	5 548 000€	Regulamento Delegado EU 2017/2364
Fornecimentos de bens, serviços e concursos de conceção	443 000€	
Serviços sociais e outros serviços específicos identificados no anexo IX do CCP	1 000 000€	

4.2. Escolha do procedimento em função de critérios materiais

A escolha do procedimento em função de critérios materiais, como regra geral prevista no art.º 23º do CCP, permite a celebração de contratos de qualquer valor[86].

4.2.1. Escolha do ajuste direto para a formação de quaisquer contratos – art.º 24º do CCP

Pode ser adotado o ajuste direto, qualquer que seja o objeto do contrato a celebrar, quando:

[86] Sem prejuízo das exceções previstas no CCP.

- Em anterior concurso público ou concurso limitado por prévia qualificação, **nenhum candidato se tenha apresentado ou nenhum concorrente tenha apresentado proposta**, desde que o caderno de encargos e, se for o caso, os requisitos mínimos de capacidade técnica e financeira **não sejam substancialmente alterados** em relação aos daquele concurso[87] [88];
- Em anterior concurso público, concurso limitado por prévia qualificação ou diálogo concorrencial, **todas as propostas apresentadas tenham sido excluídas** e o caderno de encargos não seja substancialmente alterado em relação ao daquele procedimento[89] [90];
  Considera-se que o caderno de encargos é substancialmente alterado quando os parâmetros base são alterados, incluindo-se nestes o preço base[91].
- Na medida do estritamente necessário e por motivos de urgência imperiosa quando, cumulativamente:
  - Resulte de acontecimentos imprevisíveis pela entidade adjudicante;
  - Não possam ser cumpridos os prazos inerentes aos demais procedimentos;
  - Desde que as circunstâncias invocadas não sejam, em caso algum, imputáveis à entidade adjudicante.

  Não se verificando os pressupostos de imprevisibilidade e de não imputação à entidade adjudicante das circunstâncias invocadas, não pode esta recorrer ao ajuste direto[92].
- As prestações que constituem o seu objeto se destinem, a título principal, a permitir à entidade adjudicante a prestação ao público de um ou mais serviços de telecomunicações;

[87] Ver nº 9 do art.º 24º.

[88] O convite para apresentação de proposta tem que ser formulado no prazo de 6 meses a contar do termo do prazo fixado para apresentação de candidaturas ou propostas – alínea a) do nº 7 e nº 8 do art.º 24º.

[89] Ver nº 9 do art.º 24º.

[90] O convite para apresentação de proposta tem que ser formulado no prazo de 6 meses a contar da decisão de exclusão de todas as propostas – alínea b) do nº 7 e nº 8 do art.º 24º do CCP.

[91] Cf. Acórdão do Tribunal de Contas nº 07/2015, de 14 de julho (processo de fiscalização prévia nº 94/2015).

[92] Cf. Acórdão do Tribunal de Contas nº 08/2015, de 30 de junho (processo nº 459/2015).

- As prestações objeto do contrato só possam ser confiadas a uma determinada entidade por um dos seguintes fundamentos:
  - O objeto do procedimento seja a criação ou aquisição de obra de arte ou espetáculo artístico;
  - Não exista concorrência por motivos técnicos;
  - Seja necessário proteger direitos exclusivos, incluindo direitos de propriedade intelectual[93].

Importa realçar que o Tribunal de Contas tem um entendimento restritivo quanto ao recurso ao ajuste direto com fundamento em motivos técnicos ou artísticos[94].

4.2.2. Escolha do ajuste direto para a formação de contratos de empreitadas de obras públicas – art.º 25º do CCP

Pode ser adotado o ajuste direto no caso de empreitadas de obras públicas, quando:

- Se tratem de novas obras que consistam na **repetição de obras similares** objeto de contrato anteriormente celebrado pela mesma entidade adjudicante, desde que, **cumulativamente**:
  - O contrato seja celebrado com a entidade com a qual foi celebrado o contrato inicial;
  - Essas obras estejam em conformidade com um projeto base comum;
  - Aquele contrato tenha sido celebrado há menos de três anos na sequência de concurso público, concurso limitado, de procedimento de negciação, de diálogo concorrencial ou de parceria para a inovação;

[93] Cf. Acórdão do Tribunal de Contas nº 24/2010, de 14 de setembro (processo nº 2285/2009): *"o ajuste directo só é admissível quando, no mercado, e atenta a complexidade e exigência dos serviços a prestar, exista uma única entidade disponível e com aptidão técnica para assegurar a respectiva prestação. E, decorrentemente, só, assim, se legitima a dispensa do concurso público, ou, ainda, outro procedimento, mas de natureza concursal"*.

[94] Cf. Acórdão nº3/2017, de 4 de abril (processo nº 2994/2016): *"Conforme resulta claramente da jurisprudência nacional e europeia (...), a interpretação desta exceção às regras e aos princípios que salvaguardam a concorrência e a igualdade no acesso aos mercados públicos, deve ser interpretada e aplicada de forma estrita, devendo reservar-se a circunstâncias excecionais e inequivocamente fundamentadas."*

- O anúncio do concurso tenha sido publicado no Jornal Oficial da União Europeia, no caso de o somatório do preço base relativo ao ajuste direto e do preço contratual relativo ao contrato inicial ser igual ou superior ao limiar estabelecido na alínea a) do nº 3 do art.º 474º[95];
- A possibilidade de adoção do ajuste direto tenha sido indicada no anúncio ou no programa do concurso;
- Se trate de obras a realizar apenas para fins de investigação, de experimentação, de estudo ou desenvolvimento, desde que a realização dessas obras não se destine a assegurar a obtenção de lucro ou a amortizar os custos dessas atividades e o valor **estimado** do contrato seja inferior ao limiar previsto na alínea a) do nº 3 do art.º 474º;
- Se trate de realizar uma obra ao abrigo de um acordo quadro celebrado nos termos do disposto na alínea a) do n.º 1 do artigo 252.º[96].

4.2.3. Escolha do ajuste direto para a formação de contratos de locação ou de aquisição de bens móveis – art.º 26º do CCP

Pode ser adotado o ajuste direto para locação ou aquisição de bens móveis:

- Quando se trate de bens destinados à substituição parcial ou à ampliação de bens ou equipamentos de específico uso corrente da entidade adjudicante, desde que o contrato a celebrar o seja com a entidade com a qual foi celebrado o contrato inicial de locação ou de aquisição de bens e a mudança de fornecedor obrigasse a entidade adjudicante a adquirir material de características técnicas diferentes, **originando incompatibilidades ou dificuldades técnicas de utilização e manutenção desproporcionadas**;
- Quando se trate de bens produzidos ou a produzir para fins de investigação, de experimentação, de estudo ou desenvolvimento, desde que tais bens não sejam produzidos com finalidade comercial, ou com vista a amortizar o custo dessas atividades e o valor estimado

[95] Até 5.225.000€.

[96] Modalidade de acordo-quadro em que estejam suficientemente especificados todos os aspetos da execução dos contratos a celebrar ao seu abrigo.

do contrato seja inferior aos limiares estabelecidos nas alíneas b) e c) do nº 3 do art.º 474º[97];

- Quando se trate de adquirir bens cotados e adquiridos num mercado de matérias-primas;
- Quando se trate de adquirir bens em condições especialmente mais vantajosas do que as normalmente existentes no mercado, a entidades que cessem definitivamente a sua atividade comercial, a curadores, liquidatários, administradores da insolvência ou, ainda, no âmbito de acordo judicial ou procedimento da mesma natureza previsto na legislação aplicável;
- Quando se trate de locar ou adquirir bens ao abrigo de um acordo quadro, nos termos do disposto da alínea a) do n.º 1 do artigo 252º[98];
- Quando se trate de adquirir água ou energia, desde que a entidade adjudicante exerça a atividade de colocação à disposição, de exploração ou de alimentação de redes fixas de prestação de serviços ao público no domínio da produção, do transporte ou da distribuição de, respetivamente, água potável ou eletricidade, gás ou combustível para aquecimento.

4.2.4. Escolha do ajuste direto para a formação de contratos de aquisição de serviços – art.º 27º do CCP

Pode ser adotado o ajuste direto para aquisição de serviços:

- Quando se trate de novos serviços que consistam na repetição de serviços similares objeto de contrato anteriormente celebrado pela mesma entidade adjudicante, desde que, de forma cumulativa:
    - Esses serviços estejam em conformidade com um projeto base comum;
    - Aquele contrato tenha sido celebrado há menos de três anos, na sequência de concurso público, de concurso limitado por prévia qualificação, de procedimento de negociação, de diálogo concorrencial ou de parceria para a inovação;

[97] 144.000€ e 224.000€, respetivamente, por atualização dos limiares comunitários com efeitos a 1 de janeiro de 2018.

[98] Modalidade de acordo-quadro em que estejam suficientemente especificados todos os aspetos da execução dos contratos a celebrar ao seu abrigo.

  - O anúncio do concurso tenha sido publicado no Jornal Oficial da União Europeia, no caso de o somatório do valor estimado do contrato e do preço contratual relativo ao contrato inicial ser igual ou superior ao valor referido, consoante os casos, nas líneas b) ou c) do nº 3 do art.º 474º[99]; e
  - A possibilidade de adoção do ajuste direto tenha sido indicada no anúncio ou no programa do concurso;
- Quando a natureza das respetivas prestações, nomeadamente as inerentes a serviços de natureza intelectual, não permita a elaboração de especificações contratuais suficientemente precisas para que sejam definidos os atributos qualitativos das propostas, necessários à fixação de um critério de adjudicação nos termos do disposto no artigo 74º, e desde que a definição quantitativa dos atributos das propostas, no âmbito de outros tipos de procedimento, seja desadequada a essa fixação tendo em conta os objetivos da aquisição pretendida[100]. Há que ter em conta que o Tribunal de Contas tem um entendimento restritivo no que respeita ao recurso ao ajuste direto para aquisição de serviços de natureza intelectual, como é o caso de serviços jurídicos[101] [102];

[99] 135.000€ e 209.00€, respetivamente.

[100] Ver limitação prevista no nº 4 do art.º 27º.

[101] Ver Acórdão do Tribunal de Contas nº 13/2013, de 15 de maio (processo nº 217/2013): *"A aquisição de serviços intelectuais, designadamente de serviços jurídicos, subordina-se aos princípios gerais de aplicação dos procedimentos concorrenciais, em função dos valores envolvidos, porque disso não está expressamente excluída no Código dos Contratos Públicos (CCP), para além de que se subordina à aplicação direta dos princípios do direito comunitário e da Constituição, sujeitando-a a uma obrigação geral de concorrência, transparência e publicidade."*

[102] Invocar uma relação de confiança para justificar o recurso a ajuste direto, parece não colher a anuência por parte do TC. Veja-se a sentença n.º 1/2015 – 3.ª secção-PL (proc.03JFR/2017) relativa ao um processo de aquisição de serviços jurídicos em que determinado município invocou critérios materiais: *"Acresce que eleger a relação de confiança subjetiva entre o prestador e o beneficiário dos serviços como fundamento material de adoção do procedimento de ajuste direto significaria postergar "in limine" princípios estruturantes da contratação pública, como os da concorrência, transparência, imparcialidade, prossecução do interesse público (no qual se deverão incluir os da economia e eficiência), sem fundamento material bastante, por estarmos perante um contrato público e não de direito privado – vide artigo 1.º, n.º 4 do CCP, artigos 1.º, 2, a), 2.º, da Diretiva 2004/18/CE"*. É esta a posição assumida por João Amaral e Almeida e Pedro Fernández Sánchez, in artigo publicado em "*Estudos em Homenagem ao Prof. Doutor Sérvulo Correia*", Vol. II, págs. 373 a 413, com o título "*A Contratação Pública de Serviços de Assessoria Jurídica*".

- Quando se trate de serviços relativos à aquisição ou à locação, independentemente da respetiva modalidade financeira, de quaisquer bens imóveis, ou a direitos sobre esses bens, salvo os contratos de prestação de serviços financeiros celebrados simultânea, prévia ou posteriormente ao contrato de aquisição ou de locação, seja qual for a sua forma;
- Quando se trate de serviços de arbitragem e de conciliação;
- Quando se trate de serviços de investigação e de desenvolvimento não abrangidos pela alínea j) do nº 4 do artigo 5º, desde que o valor estimado do contrato seja inferior aos limiares estabelecidos nas alíneas b) e c) do nº 3 do art.º 474º[103];
- Quando se trate de contrato que, na sequência de um concurso de conceção, deva ser celebrado com o concorrente selecionado ou com um dos concorrentes selecionados nesse concurso, desde que tal intenção tenha sido manifestada nos respetivos termos de referência e de acordo com as regras neles estabelecidas[104 105];
- Quando se trate de adquirir serviços ao abrigo de um acordo quadro, nos termos do disposto na alínea a) do n.º 1 do artigo 252º;
- Quando se trate de adquirir bens, em condições especialmente mais vantajosas do que as normalmente existentes no mercado, a entidades que cessem definitivamente a sua atividade comercial, a curadores, liquidatários, administradores da insolvência, ou no âmbito de acordo judicial ou procedimento da mesma natureza previsto na legislação aplicável.

Resulta do nº 4 do art.º 27º, que não pode ser adotado o ajuste direto nos moldes previstos na alínea b) do n.º 1 deste mesmo artigo, quando o objeto do contrato seja a elaboração de projeto ou criação conceptual,

[103] 144.000€ e 224.000€, respetivamente, por atualização dos limiares comunitários com efeitos a 1 de janeiro de 2018.

[104] Ver nº 2 do art.º 114º. Devem ser convidados a apresentar proposta todos os selecionados no concurso de conceção.

[105] Ver nº 5 do art.º 27º. O convite para apresentação de proposta deve ser enviado no prazo máximo de um ano a contar da data de decisão da adjudicação tomada no concurso de conceção.

nomeadamente no âmbito artístico, arquitetónico, engenharia ou processamento de dados[106].

4.3. Outras regras de escolha do procedimento

- Escolha em função do tipo de contrato – art.º 31º

A formação de contratos de concessão de obras públicas, de serviços públicos e contratos de sociedade, exige o recurso a procedimento pré-contratual de concurso público, concurso limitado por prévia qualificação, procedimento de negociação ou diálogo concorrencial, sem prejuízo do disposto nos art.º 24º e 30º-A. Caso se trate de concessão de obra pública e o valor do contrato seja inferior a 75.000€ e a duração inferior a um ano, pode recorrer-se ao ajuste direto ou consulta prévia (nº. 4 do art.º 31º).

- Formação de contratos mistos – art.º 32º

A celebração de contratos mistos só é admitida se as prestações a abranger pelo seu objeto forem incindíveis, ou se a sua separação causar graves inconvenientes para a entidade adjudicante. Caso o objeto inclua simultaneamente prestações típicas de mais do que um tipo de contrato, aplica-se o regime pré-contratual que carateriza o objeto principal do contrato, tendo-se em conta o valor estimado do contrato ou as suas prestações essenciais.

Nas situações em que é possível identificar separadamente as diferentes partes de um determinado contrato, o seu objeto principal será determinado em função do valor estimado mais elevado. Caso o contrato seja composto quer por prestações típicas pertencentes a contratos abrangidos pela parte II do CCP, quer por prestações típicas de contratos excluídos desta, aplica-se a todo o contrato o regime da parte II do CCP, considerando-se para o efeito o valor total do contrato.

[106] Cf. Acórdão do Tribunal de Contas nº 3/2017, de 4 de abril (processo n.º 2994/2016). *"(...) muito embora a arquitetura possa ser considerada em geral como um ramo artístico, a mesma é objeto de tratamento autónomo no Código dos Contratos Públicos. De facto, isso resulta, designadamente, do estabelecido no artigo 219.º do CCP, onde são enumerados separadamente os domínios "artístico, do ordenamento do território, do planeamento urbanístico, da arquitetura, da engenharia ou do processamento de dados". A mesma distinção é feita no artigo 27.º, n.º 4. Ou seja, para efeitos deste código, uma coisa é o domínio artístico outra é o domínio da arquitetura."*

- Escolha em função da entidade adjudicante – art.º 33º

A formação de contratos relativos ao exercício de atividades exercidas nos setores da água, energia, transporte e serviços postais por parte das entidades adjudicantes referidas no nº 1 do art.º 7º, sem prejuízo da aplicação dos art.º 24º a 27º, deve seguir a forma de concurso público, concurso limitado por prévia qualificação, procedimento por negociação, diálogo concorrencial ou, quando cumpridos os requisitos, a parceria para a inovação.

Capítulo 5
As peças do procedimento

Podemos definir as peças do procedimento, onde se encontram exaradas as especificações jurídicas, técnicas, económicas e financeiras do procedimento e do contrato, como "documentos conformadores do procedimento de formação de contrato", tal como são designados no art.º 103º do CPTA[107].

As peças do procedimento, identificadas no art.º 40º do CCP, são os documentos escritos em que a entidade adjudicante determina, naquilo que não esteja ao abrigo de normas injuntivas do CCP ou demais legislação, os formalismos a observar no decurso do procedimento; os requisitos e condições jurídicas, técnicas, económicas e financeiras exigidas aos eventuais concorrentes; os atributos a constar das propostas que venham a ser apresentadas; os fatores de qualificação de concorrentes; critérios de avaliação das propostas; e o próprio contrato a celebrar[108].

Na tabela seguinte identificamos as peças processuais necessárias a cada tipo de procedimento.

[107] Código de Processo nos Tribunais Administrativos, aprovado pela Lei n.º 15/2002, de 22 de Fevereiro.

[108] Art.º 51º do CCP – As normas constantes do CCP relativas às fases de formação e de execução do contrato prevalecem sobre quaisquer disposições das peças do procedimento com elas desconformes.

Tabela 19 – **Peças processuais por procedimento pré-contratual**

Procedimento	Peças	Art.º CCP
Ajuste direto	Convite à apresentação de propostas	Art.º 115º nº 1
	Caderno de encargos	Art.º 42º e seguintes
Consulta prévia	Convite à apresentação de propostas	Art.º 115º nº 1 e 2
	Caderno de encargos	Art.º 42º e seguintes
Concurso público	Anúncio	Art.º 130º, art.º 131º
	Programa	Art.º 41º, art.º 132º
	Caderno de encargos	Art.º 42º e seguintes
Concurso limitado por prévia qualificação	Anúncio	Art.º 167º
	Programa	Art.º 41º, art.º 164º
	Convite à apresentação de propostas	Art.º 189º
	Caderno de encargos	Art.º 42º e seguintes
Procedimento de negociação	Anúncio	Art.º 167º, por remissão do art.º 193º
	Programa	Art.º 196º
	Convite à apresentação de propostas	Art.º 189º, por remissão do art.º 193º
	Caderno de encargos	Art.º 42º e seguintes
Diálogo concorrencial	Anúncio	Art.º 208º
	Programa	Art.º 206º
	Memória descritiva	Art.º 207º
	Convite à apresentação de soluções	Art.º 209º
	Caderno de encargos	Art.º 207º; art.º 42º e seguintes
	Convite à apresentação de propostas	Art.º 217º
Parceria para a inovação	Anúncio	Art.º 218º-A; art.º 167
	Programa	Art.º 41º; art.º 164º
	Convite à apresentação de propostas	Art.º 218º-B
	Caderno de encargos	Art.º 42º e seguintes

A competência para aprovar as peças do procedimento é do órgão competente para a decisão de contratar (nº 2 do art.º 40º) e as mesmas devem ser disponibilizadas de forma livre e gratuita na plataforma eletrónica de contratação pública, a partir da data de publicação do respetivo anúncio (art.º 133º).

O art.º 133º, com a redação introduzida pelo D.L. nº 111-B/2017, de 31 de agosto, estabelece a disponibilização gratuita, livre e completa das peças do procedimento na plataforma eletrónica de contratação pública, a partir da data de publicação do respetivo anúncio. O acesso às peças do procedimento é universal, pelo que não pode ser exclusivo dos eventuais interessados que estejam registados na plataforma eletrónica de contratação em que as mesmas sejam publicitadas.

As peças do procedimento devem indicar todos os pareceres prévios, licenciamentos e autorizações necessárias que possam condicionar o procedimento e a execução do contrato (nº 5 do art.º 36º). Na prática, não pode ser aberto um procedimento sem que a entidade adjudicante tenha obtido todos os atos que possam condicionar o procedimento e o contrato[109].

Apesar do art.º 133º se integrar nas regras procedimentais do concurso público, por força da aplicabilidade destas aos restantes procedimentos, a disponibilização gratuita das peças aplica-se a todos os procedimentos pré contratuais[110]. Nos procedimentos por convite, como o ajuste direto, a lógica sempre foi a da gratuitidade das peças.

Há ainda a reter que, de acordo com o nº 5 do art.º 40º, as peças do procedimento prevalecem sobre eventuais indicações constantes da plataforma eletrónica. Esta previsão expressa visa eliminar de vez os litígios provocados pela imposição de regras por parte das plataformas eletrónicas que, sem fundamento legal, por vezes contrariavam as regras expressas nas peças do procedimento.

5.1.1. O programa do procedimento

O programa é o regulamento que define os termos a que obedece a fase de formação do contrato até à sua celebração (art.º 41º). Estabelece as regras que serão seguidas no decurso do procedimento, servindo de guia para os concorrentes.

Será também a peça mais adequada a incorporar a identificação de todos os pareceres prévios, licenciamentos e autorizações mencionados no nº 5 do art.º 36º.

[109] Por exemplo, a obtenção prévia de uma declaração de expropriação ou um estudo de impacto ambiental.

[110] Ver artgs. º 156º, 162º, 193º e a 204.

Do programa deve constar, nomeadamente: a identificação da entidade adjudicante; a identificação do órgão que tomou a decisão de contratar; a identificação do órgão que prestará os esclarecimentos; os documentos de habilitação e da proposta que os concorrentes deverão apresentar; o prazo para a apresentação e manutenção de propostas; o modelo de avaliação das propostas, entre outros aspetos (ver art.º 132º do CPP).

5.1.2. O caderno de encargos

O caderno de encargos é a peça do procedimento que contém as cláusulas a incluir no contrato a celebrar (nº 1 do art.º 42º). É o documento onde a entidade adjudicante traçará a descrição e características do objeto a contratar, bem como os aspetos técnicos, económicos e jurídicos do contrato subsequente, nomeadamente direitos e deveres das partes, prestações principais e acessórias. É de tal forma relevante que fará parte integrante do contrato subsequente ao procedimento de formação do mesmo.[111].

O caderno de encargos não é necessariamente um documento único e homogéneo, podendo ser composto por diversos documentos e peças. Por exemplo, tratando-se de empreitadas de obras públicas, o caderno de encargos pode incluir plantas e outros desenhos técnicos, mapas de quantidade ou estudos técnicos diversos.

A entidade adjudicante pode prever nas peças do procedimento a adjudicação por lotes[112]. Esta é, aliás, a regra nos procedimentos de formação de contratos de locação ou aquisição de bens e serviços de valor superior a 135.000€ e empreitadas de obras públicas de valor superior a 500.000€, já que a decisão de não contratação por lotes em procedimentos com valores superiores aos referidos carece de fundamentação (art.º 46º-A).

No caderno de encargos deve constar o preço base definido pela entidade adjudicante, entendendo-se este como o valor máximo que esta se dispõe a pagar pela execução de todas as prestações do contrato, incluindo eventuais renovações dos mesmos (art.º 47º).

[111] Ver nº 2 do art.º 96º do CCP.

[112] O CCP não distingue qual a peça onde deverá estar prevista a adjudicação por lotes, mas entendemos que deverá ser mencionado no programa ou convite. No caderno de encargos, já que é a peça onde mais claramente deverá estar descrito o objeto do contrato a celebrar, deve constar a identificação e constituição dos lotes.

Do caderno de encargos devem constar igualmente as especificações técnicas e as caraterísticas exigidas para as obras, bens móveis e serviços, nomeadamente ao nível de quantidade, qualidade, características físicas, segurança, entre outros aspetos.

As especificações não podem restringir a concorrência nem limitar de forma injustificada o acesso à concorrência (art.º 49º), sendo particularmente importante ter atenção a este aspeto sempre que se recorra à consulta preliminar para preparação do procedimento, não podendo ser referidas marcas, proveniências ou características de fabrico que beneficiem determinado produto ou fornecedor[113].

A elaboração do caderno de encargos pode constituir, em alguns casos, um desafio. Nem sempre é linear a elaboração de cláusulas com a descrição de características complexas ou com a cabal descrição do que se pretende.

É frequente as entidades públicas recorrerem a serviços externos para a elaboração de cadernos de encargos, os quais, não poucas vezes, não respondem por completo ao pretendido nem salvaguardam integralmente os interesses da entidade adjudicante, por desconhecimento concreto da realidade desta ou do objeto do contrato. Entendemos que, na elaboração de um caderno de encargos, deverão ser seguidos alguns princípios básicos, sem prejuízo do recurso a apoio jurídico especializado:

- A redação deve ser o mais simples e claro possível, em artigos numerados sequencialmente, evitando linguagem ambígua. Por exemplo, se o contrato irá vigorar entre 1 de janeiro e 31 de dezembro, é isso que deverá constar e não que vigorará durante o ano económico (que em Portugal corresponde ao ano civil, mas que noutros países e para muitas empresas multinacionais, pode corresponder a outros períodos temporais).
- O caderno de encargos poderá ser estruturado em capítulos sempre que necessário, cada um para uma temática específica, tais como objeto, pagamento, obrigações da entidade adjudicante, obrigações do adjudicatário, obrigações acessórias, entre outros.
- Os artigos devem ser o mais curtos possível, tratando cada artigo apenas e só de uma matéria específica. Artigos com 40 alíneas e que ocupam três páginas, que tratam desde a forma de entrega dos

[113] Ver art.º 35º-A do CCP

bens ou serviços à forma de emissão da fatura, dificultam a leitura e o entendimento do documento e potenciam erros e problemas de interpretação.

- Ter particular atenção na descrição do objeto contratual e das obrigações das partes. Por exemplo, se é pretendida a aquisição de um aluguer operacional de uma viatura que inclua manutenção, seguro, pneus e viatura de substituição em caso de imobilização, no caderno de encargos deverá constar isso mesmo e não uma descrição genérica ou legal de *renting* e de gestão de frota, sem especificar o que, em concreto, se pretende incluir no contrato.
- Deverá ser solicitado apoio para definição do objeto e respetivas características, sempre que necessário. Se é pretendida a aquisição de um sistema AVAC, possivelmente não existirá no serviço de aprovisionamento um especialista na matéria, pelo que deverá solicitar-se apoio a técnicos especializados que facultem os elementos e características do equipamento pretendido.
- Pedir a colegas de outros organismos a partilha de cadernos de encargos. A entreajuda é importante e permite partilha de conhecimento e de experiência.

5.1.3. O convite

O convite à apresentação de propostas (ou de soluções, no caso do diálogo concorrencial) não dispõe de uma definição legal no CCP, ao contrário do programa, apesar ter a mesma função deste em alguns procedimentos, como o ajuste direto e consulta prévia.

A principal diferença entre o convite e o programa é que aquele é uma convocação ou apelo à participação, tendo assim um carácter pessoal direto, ao contrário do programa (e do anúncio), que se consubstanciam num apelo geral e abstrato. O facto de coexistirem os dois em alguns procedimentos, resulta do facto desses procedimentos operarem em duas fases, uma primeira que há a qualificação de candidatos e uma segunda fase em que os candidatos apurados são convidados a apresentarem proposta nos termos do convite[114].

[114] Concurso limitado por prévia qualificação, procedimento de negociação, diálogo concorrencial e parceria para inovação.

Outra diferença substancial entre convite e programa é o facto de o convite não conter requisitos ou condições de acesso ao procedimento nem documentos de habilitação, ao contrário do programa, que define os requisitos gerais necessários que os interessados deverão cumprir para concorrerem.

5.1.4. O anúncio

O anúncio é uma peça do procedimento de formação de contratos, na medida em que se encontra identificado expressamente no art.º 40º.

O anúncio visa a publicitação do procedimento e do seu objeto. Obedece as modelos pré-determinados e aprovados por portaria (art.º 130º) ou de acordo com especificações definidas por diretiva comunitária, quando se trata de publicação no Jornal Oficial da União Europeia (art.º 131º)[115].

Apesar do anúncio obedecer a modelos pré-determinados, o nº 2 do art.º 40º obriga à sua aprovação expressa pelo órgão competente para a decisão de contratar, tal como as restantes peças do procedimento. Considerando que o anúncio do procedimento de formação de contratos é preenchido diretamente no portal da internet do Diário da República, através de formulários pré-definidos, a imposição do nº 2 do art.º 40º obriga, na prática, à elaboração de uma minuta do anúncio segundo o modelo pré-determinado e, após aprovação pelo órgão competente, ao seu preenchimento no portal do Diário da República.

A publicitação a nível nacional, para além de ser feita obrigatoriamente na II Série (parte L) do Diário da República, pode ser feita pela forma considerada mais adequada pela entidade adjudicante, nomeadamente através da plataforma eletrónica que esta utilize[116].

5.2. Esclarecimentos, retificações e alteração das peças processuais

O regime de esclarecimentos, retificações e alteração das peças processuais encontra-se previsto no art.º 50º, com as particularidades previstas no art.º 116º quando se trate de ajuste direto ou consulta prévia, e art.º 166º quando o procedimento seja o concurso público limitado por prévia qualificação.

[115] Ver Portaria nº 371/2017, de 14 de dezembro, publicada no D.R. Iª Série, nº 239.

[116] Despacho Normativo da Presidência do Conselho de Ministros n.º 15/2016, publicado no Diário da República n.º 243/2016, Série II de 2016-12-21.

Os interessados podem solicitar os esclarecimentos que considerem necessários à boa interpretação e compreensão das peças do procedimento, no primeiro terço do prazo fixado para a apresentação de propostas (no âmbito do CCP, os prazos contam-se nos termos do art.º 87º do CPA, por remissão expressa do art.º 470º CCP, suspendendo-se nos fins de semana e feriados). Devem, também nesse prazo, apresentar a lista em que identifiquem claramente os erros e omissões que tenham detetado nas peças do procedimento (nº 1 do art.º 50º)[117].

O nº 2 do art.º 50º classifica como erros e omissões das peças do procedimento os que digam respeito a:

a) Aspetos ou dados que se revelem desconformes com a realidade;
b) Espécie ou quantidade de prestações estritamente necessárias à integral execução do objeto do contrato a celebrar;
c) Condições técnicas de execução do objeto do contrato a celebrar que o interessado não considere exequíveis;
d) Erros e omissões do projeto de execução que não se incluam nas alíneas anteriores.

Os erros e omissões detetados no caderno de encargos pelos interessados devem ser apresentados de forma expressa e inequívoca ao órgão competente para a decisão para contratar (nº 3 do art.º 50º). Não o fazendo nesta fase, terá como consequência para o adjudicatário, a assunção de encargos sobre trabalhos complementares a que haja lugar, nos termos dos nº 3 e 4 do art.º 378º. Apesar deste último artigo se encontrar num capítulo do CCP dedicado aos contratos de empreitada, é também aplicável aos restantes contratos, por remissão do nº 4 do art.º 50º.

O CCP entra nesta fase numa contradição que, salvo melhor opinião, inviabiliza na prática o regime de erros e omissões. É que, se por um lado, o incumprimento do dever de identificar e comunicar expressamente os erros e omissões do caderno de encargos, por remissão do nº 4 do art.º 50, tem as consequências previstas nos nº 3 e 4 do art.º 378º, por outro, o nº 3 deste último dá um prazo de 60 dias ao empreiteiro, a contar da data da consignação, para reclamar sobre erros e omissões do caderno de encargos.

[117] Um prazo de entrega das propostas divisível por 3 facilita a contagem do número de dias.

Levantar-se-á a questão de saber o que será a consignação para efeitos de aquisição de bens ou serviços, mas no que respeita a empreitadas de obras públicas, onde o regime de erros e omissões é particularmente relevante, este fica na prática inviabilizado, com prejuízo para o erário público. Na prática, nenhum concorrente terá interesse em identificar na fase do procedimento pré-contratual, os erros e omissões que eventualmente detete no caderno de encargos, reservando essa identificação para a fase pós consignação, em que a adjudicação e o contrato já se encontram garantidos.

O órgão competente para a decisão de contratar deve prestar os esclarecimentos solicitados, até ao termo do segundo terço do prazo fixado para a apresentação das propostas (ou até ao prazo fixado no convite ou programa do concurso), ou outro por si definido nas peças do procedimento (cf. nº 5 alínea a) do art.º 50º). Deve também, nesse prazo, pronunciar-se sobre os erros e omissões identificados pelos interessados, considerando-se rejeitados todos os que não sejam por ele expressamente aceites (nº 5 do art.º 50º).

O órgão competente para a decisão de contratar pode ainda, oficiosamente, proceder à retificação de erros e omissões das peças do procedimento, assim como prestar esclarecimentos até ao final do segundo terço do prazo para entrega de propostas (nº 7 do art.º 50º).

Caso os esclarecimentos, retificações ou a aceitação de erros ou omissões previstas no art.º 50º, ocorram fora do prazo previsto, há lugar à prorrogação do prazo para entrega de propostas, no mínimo pelo período equivalente ao atraso verificado (art.º 64º).

Os esclarecimentos, retificações e listas com identificação de erros e omissões detetados pelos interessados, devem ser disponibilizados na plataforma eletrónica utilizada pela entidade adjudicante e juntos às peças do procedimento que se encontrem patentes para consulta, devendo todos os interessados que as tenham obtido ser notificados desse facto (nº 8 do art.º 50º).

Os esclarecimentos e retificações fazem parte integrante das peças do procedimento a que dizem respeito e prevalecem sobre estas em caso de divergência, o que atesta a sua relevância (nº 9 do art.º 50º). Salienta-se ainda que, havendo divergências entre as peças do procedimento relativas à fase de formação e execução do contrato e normas do CCP, prevalecem estas últimas (art.º 51º).

A competência para retificar as peças do procedimento e a decisão sobre erros e omissões identificados pelos interessados, é do órgão competente para a decisão de contratar e não pode ser delegada no júri do procedimento (cf. nº 2 do art.º 69º)[118]. Já a competência para prestar esclarecimentos pode ser delegada no júri, desde que seja identificado nas peças do procedimento (alínea a) do nº 5 do art.º 50º).

[118] Não há impedimento legal à delegação noutro órgão, mas apenas no júri.

Capítulo 6
Tramitação procedimental

6.1. Ajuste direto

O ajuste direto é o procedimento em que a entidade adjudicante convida diretamente uma entidade à sua escolha a apresentar proposta (nº 2 do art.º 112º). Tal como a consulta prévia, o ajuste direto tem uma natureza não concorrencial, já que é a entidade adjudicante que escolhe quem lhe vai apresentar propostas, mas distingue-se daquela não só pelos valores dos contratos que podem ser celebrados ao seu abrigo, mas também pelo facto da consulta prévia implicar o convite a, pelo menos, três entidades.

A escolha das entidades a convidar é da competência do órgão competente para a decisão de contratar (nº 1 do art.º 113º), o que é válido para o ajuste direto e para a consulta prévia.

Neste campo, há que ter alguns cuidados na escolha do operador económico ao qual é dirigido o convite, devendo a escolha ser fundamentada no conhecimento e experiência anterior ou em informações obtidas junto de outras entidades adjudicantes.

Neste procedimento as peças necessárias são o caderno de encargos e o convite (art.º 40º). Dado tratar-se de um processo célere e ter, eventualmente, uma única entidade convidada a apresentar proposta, não há lugar à nomeação de júri, sendo o processo conduzido pelos serviços do adjudicante (nº 1 do art.º 125º).

Ao contrário da consulta prévia, no ajuste direto não se se encontra prevista uma fase formal de negociação, no entanto o concorrente pode ser convidado a melhorar a sua proposta (nº 2 do art.º 125º), o que corresponde na prática à possibilidade de negociar as condições contratuais inicialmente apresentadas pelo concorrente.

A eficácia do contrato celebrado ao abrigo do procedimento de ajuste direto depende da sua publicitação, pela entidade adjudicante, no portal dos contratos públicos, independentemente da sua redução ou não a escrito (art.º 127º).

Não pode ser convidada a apresentar proposta a entidade à qual, no ano económico em curso e nos dois anos anteriores, tenha sido adjudicado na sequência de ajustes diretos ou consultas prévias realizados ao abrigo das alíneas c) e d) do art.º 19º e c) e d) do nº 1 do art.º 20º, propostas para celebração de contratos cujo preço contratual, acumulado, seja igual ou superior aos limites referidos naquelas alíneas (nº 2 do art.º 113º)[119]. Não são contabilizadas as adjudicações resultantes de ajustes diretos adotados ao abrigo de critérios materiais mas, para o limite em causa, contabilizam-se quer os ajustes diretos do regime geral, quer os ajustes diretos simplificados[120].

[119] A redação não é, no nosso entendimento, muito clara, levantando-se a questão se, para efeitos da limitação prevista no nº 2 do art.º 113º, devem ser contabilizadas cumulativamente as adjudicações em sede de ajuste direto e de consulta prévia, no ano em curso e nos dois anos transatos, à mesma entidade. O nosso entendimento é que os procedimentos são autónomos e, para efeitos do art.º 113º, serão considerados de forma independente. No entanto, sendo a intenção do legislador restringir por questões de transparência e concorrência, as adjudicações realizadas a um mesmo adjudicatário através de procedimentos limitativos da concorrência, como é o caso do ajuste direto e da consulta prévia, faria sentido uma opção mais restritiva.

	Locação e aquisição de bens e serviços	**Empreitadas de obras públicas**
Consulta prévia	Limite de 75.000€ (art.º 20 nº 1 c))	Limite de 150.000€ (art.º 19º c))
Ajuste direto	Limite de 20.000€ (art.º 20 nº 1 d))	Limite de 30.000€ (art.º 19º d))

[120] Tem sido levantada a questão dos limites desta norma serem contabilizados apenas a partir de 1 de janeiro de 2018, data da entrada em vigor das alterações introduzidas pelo D.L. nº 111-B/2017, de 31 de agosto, ou se os referidos limites deverão contabilizar os procedimentos realizados em 2015 e 2016. No nosso entendimento, não sendo feita qualquer referência à aplicação retroativa por parte do D.L. nº 111-B/2017, aplicam-se os princípios gerais de aplicação da lei no tempo, previstos no art.º 12º do Código Civil, pelo que os valores destes procedimentos, para efeitos do nº 2 do art.º 113º, apenas devem ser contabilizados a partir de 2018.

Para efeitos de contabilização da limitação imposta no nº 2 do art.º 113, não é relevante a natureza das prestações objeto dos contratos celebrados, mas sim a entidade à qual foram adjudicados[121].

Não podem ser convidadas as entidades que tenham executado obras, fornecido bens ou serviços, a título gratuito à entidade adjudicante, exceto se o tiverem feito ao abrigo do Estatuto do Mecenato (nº 5 do art.º 113º).

Tabela 20 – **Tramitação processual do ajuste direto**

Tramitação	Base legal (CCP)
Decisão de contratar e de autorizar a despesa	Art.º 36º CCP
Escolha do procedimento e respetiva fundamentação	Art.º 38º CCP
Peças do procedimento. Aprovação	Art.º 40º, nº 1 al. a); art.º 40º nº 2; art.º 42º; art.º 115º
Dispensa de júri no ajuste direto	Art.º 67º nº 1 e nº 4
Escolha das entidades a convidar	Art.º 113º CCP
Esclarecimentos e retificação das peças do procedimento	Art.º 116º
Convite à melhoria da proposta	Art.º 125º nº 2
Dispensa de relatórios preliminar e final. Adjudicação	Art.º 73º nº 1; Art.º 125º nº 1
Documentos de habilitação	Art.º 81º e seguintes
Caução. Dispensa de caução	Art.º 88 e seguintes. Art.º 88º nº 2
Celebração de contrato. Dispensa de contrato escrito	Art.º 94º. Art.º 95º
Publicitação e eficácia do contrato	Art.º 127º

6.1.1. Ajuste direto simplificado

O ajuste direto apresenta ainda uma modalidade simplificada (art.º 128º), para formação de contratos de aquisição ou locação de bens móveis ou serviços, cujo preço contratual não seja superior a 5.000€, ou para aquisição de empreitadas de obras públicas de valor contratual não superior a 10.000€.

A adjudicação pode ser feita pelo órgão competente para a decisão de contratar diretamente sobre uma fatura ou documento equivalente, com dispensa de tramitação eletrónica (nº 1 do art.º 128º), estando o procedimento

[121] Será relevante, para efeitos de identificação e contabilização, o número de identificação fiscal (NIF) do adjudicatário.

igualmente dispensado de outras formalidades (nº 3 do art.º 128º), nomeadamente celebração de contrato ou a publicitação exigida no art.º 465º.[122]

O contrato celebrado ao abrigo do ajuste direto simplificado não pode ter duração superior a um ano, a contar da decisão de adjudicação, não pode ser prorrogado nem pode haver lugar à revisão de preços (art.º 129º).

6.1.2. Consulta prévia

A consulta prévia é o procedimento em que a entidade adjudicante convida diretamente, pelo menos três entidades à sua escolha, a apresentar proposta, podendo negociar com elas os aspetos do contrato a celebrar.

Este procedimento foi introduzido na contratação pública pelo D. L. nº 111-B/2017, de 31 de agosto, já que não constava da versão do CCP aprovado inicialmente pelo D.L nº 18/2008, de 29 de janeiro.

A consulta prévia é um procedimento pelo qual a entidade adjudicante tem a faculdade de escolher as entidades que pretende que lhe apresentem proposta, não podendo convidar menos do que três. Tem ainda a possibilidade de negociar os aspetos do contrato a celebrar, caso a negociação conste do convite (nº 2 do art.º 115º).

Tal como referido no ajuste direto, a escolha dos operadores económicos a convidar deve ser fundamentada, nomeadamente em:

- Conhecimento prévio dos operadores económicos, em resultado de anteriores contratos celebrados ou de informações fidedignas obtidas junto de outras entidades adjudicantes;
- Proximidade geográfica, quando tal seja relevante à boa execução do contrato;
- Promoção da atividade económica local.

Não podem ser convidadas entidades que tenham executado obras ou fornecido bens ou serviços gratuitamente, exceto se ao abrigo do Estatuto do Mecenato.

Trata-se de um procedimento que mitiga a concorrência, pelo que e tal como referido no ajuste direto, impede que seja convidada a apresentar proposta a entidade à qual, no ano económico em curso e nos dois anos anteriores, tenha sido adjudicado na sequência de ajustes diretos ou consultas

[122] Não dispensando, porém, o prévio cabimento e compromisso.

prévias realizados ao abrigo das alíneas c) e d) do art.º 19º e c) e d) do nº 1 do art.º 20º, propostas para celebração de contratos cujo preço contratual, acumulado, seja igual ou superior aos limites referidos naquelas alíneas[123].

Tem como limites para a locação de aquisição de bens e serviços, o valor de 75.000€ (alínea c) do nº 1 do art.º 20º) e, no que respeita a empreitadas de obras públicas, um limite de 150.000€ (alínea c) do art.º 19º)[124].

O procedimento de consulta prévia deve (art.º 27º-A) ser utilizado nas situações em que, cumulativamente, seja possível o recurso ao ajuste direto em função de critérios materiais (art.º 24º a 27º), seja possível o convite a mais do que uma entidade e seja, ainda, compatível com o fundamento invocado para a escolha deste procedimento[125].

Nas suas orientações técnicas, o IMPIC aconselha a que, na consulta prévia, não sejam convidadas no mesmo procedimento várias entidades que estejam interligadas entre si, nomeadamente através dos sócios ou acionistas[126].

Tal como no ajuste direto, a eficácia do contrato celebrado ao abrigo do procedimento por consulta prévia depende da sua publicitação, pela entidade adjudicante, no portal dos contratos públicos (art.º 127º do CCP), independentemente da sua redução ou não a escrito.

[123] Tal como no ajuste direto, para efeitos da aplicação do nº 2 do art.º 113, apenas são contabilizadas as adjudicações resultantes de consultas prévias realizadas ao abrigo do critério do valor do contrato.

[124]

	Locação e aquisição de bens e serviços	Empreitadas de obras públicas
Consulta prévia	Limite de 75.000€ (art.º 20 nº 1 c))	Limite de 150.000€ (art.º 19º c))
Ajuste direto	Limite de 20.000€ (art.º 20 nº 1 d))	Limite de 30.000€ (art.º 19º d))

[125] Ou seja, não será utilizável a consulta prévia, por exemplo, nos casos previstos na al. a) do nº 1 do art.º 26º ou na al. a) do nº 1 do art.º 27º.

[126] Ver http://www.impic.pt/impic/assets/misc/pdf/OrientacaoTecnicaIMPIC_01CCP2018.pdf

Tabela 21 – **Tramitação processual da consulta prévia**

Tramitação	**Base legal (CCP)**
Decisão de contratar e de autorizar a despesa	Art.º 36º CCP
Escolha do procedimento e respetiva fundamentação	38º CCP
Peças do procedimento. Aprovação	Art.º 40º, nº 1 al. b); art.º 40º nº 2; art.º 42º; art.º 115º
Nomeação ou dispensa de júri na consulta prévia	Art.º 67º nº 1 e nº 3
Escolha das entidades a convidar	Art.º 113º CCP
Esclarecimentos e retificação das peças do procedimento	Art.º116º
Convite à melhoria da proposta e negociação	Art.º 112º nº 1º; Art.º 125º nº 2; Art.º 118º e segts.
Relatório preliminar	Art.º 122º
Audiência prévia	Art.º 123º
Relatório final	Art.º 124º
Adjudicação	Art.º 73º; Art.º 125
Documentos de habilitação	Art.º 81º e seguintes
Caução. Dispensa de caução	Art.º 88 e seguintes. Art.º 88º nº 2
Celebração de contrato. Dispensa de contrato escrito	Art.º 94º. Art.º 95º
Publicitação e eficácia do contrato	Art.º 127º

6.1.3. Concurso público

Quando a escolha do procedimento pré contratual tem como critério o valor do contrato a celebrar, o concurso público é o procedimento adequado nas seguintes situações[127]:

a) Empreitadas de obras públicas:
   i. Para celebração de contrato, qualquer que seja o seu valor, quando haja publicação no JOUE (al. a) do art.º 19º);
   ii. Para celebração de contrato de valor inferior a 5 548 000€ quando não haja lugar à publicação no JOUE.

b) Locação ou aquisição de bens móveis ou de serviços:
   i. Para celebração de contrato, qualquer que seja o seu valor, quando haja publicação no JOUE (al. a) do nº 1 do art.º 20º);

[127] Em 1 de janeiro de 2018 entraram em vigor novos limiares comunitários, aprovados pelos regulamentos delegados da Comissão UE 2017/2364, UE 2017/2365 e EU 2017/2366, todos de 18 de dezembro de 2017.

ii. Para celebração de contrato de valor inferior a 144.000€ ou 221.000€, quando não haja lugar à publicação no JOUE e a entidade adjudicante seja, respetivamente, o Estado ou outras entidades adjudicantes (al. b) do nº 1 do art.º 20º).

c) Contratos distintos dos anteriores e que não configurem contratos de concessão de obras públicas, de concessão de serviços públicos, ou contratos de sociedade, sem publicação no JOUE, qualquer que seja o valor do contrato (al. a) do nº 1 do art.º 21º).

Quando a escolha do procedimento pré contratual resulta de critérios materiais pode-se recorrer ao concurso público, sem necessidade de publicação no JOUE, em todos os casos em que seja legítimo o recurso ao ajuste direto, exceto naqueles em que seja possível convidar apenas uma entidade (art.º 28º).

Nas situações em que o objetivo é a formação de contratos de concessão de obras públicas ou de serviços públicos, bem como de contratos de sociedade, deve igualmente ser adotado o concurso público (art.º 31º).

Tabela 22 – **Tramitação processual do concurso público**

Tramitação	Base legal (CCP)
Decisão de contratar e de autorizar a despesa	Art.º 36º CCP
Escolha do procedimento e respetiva fundamentação	38º CCP
Peças do procedimento	Art.º 40º, nº 1 al. c) e nº 2; art.º 41º; art.º 42º; art.º 130º a 132º
Júri	Art.º 67º a 69º
Anúncios	Art.º 130 e 131º
Disponibilização eletrónica e gratuita das peças	Art.º 133º
Esclarecimentos, retificação e alteração das peças procedimentais	Art.º50º
Prazo para apresentação de propostas, prorrogação do prazo	Art.º 63º; art.º 64º
Apresentação das propostas	Art.º 135º a 137º
Lista dos concorrentes e consulta das propostas apresentadas	Art.º 138º
Avaliação de propostas	Art.º 139º
Leilão eletrónico (se previsto no programa)	Art.º 140º a 145º

Relatório preliminar	Art.º 146º
Audiência prévia	Art.º 147º
Relatório final	Art.º 148º
Negociação das propostas (se prevista no programa)	Art.º 149º a 154º
Adjudicação	Art.º 73º; art.º 76º
Notificação da decisão de adjudicação	Art.º 77º
Anúncio da adjudicação	Art.º 78º
Habilitação	Art.º 81º e segts.
Caução	Art.º 88º e segts.
Confirmação de compromissos	Art.º 92º
Redução do contrato a escrito	Art.º 94º
Aprovação e notificação da minuta de contrato	Art.º 98º; art.º 100º
Outorga do contrato	Art.º 104º

6.1.4. Concurso público urgente

Em caso de urgência na celebração de um contrato de locação ou de aquisição de bens ou serviços de uso corrente, ou de contratos de empreitada, pode recorrer-se ao concurso público urgente[128]. No entanto, o valor do contrato a celebrar não pode ultrapassar os limiares previstos no art.º 474º, no caso de locação ou aquisição de bens móveis ou serviços, ou 300.000€ no caso de empreitadas de obras públicas, sendo o preço ou custo o único critério de avaliação para efeitos de adjudicação (art.º 155º)[129].

Trata-se pois, de um procedimento pré-contratual que assume a natureza do concurso público, mas cuja tramitação é mais ligeira e célere, estando limitada a sua utilização a alguns tipos de contrato e a valores máximos, tendo como único critério de avaliação o preço.

O requisito de urgência não impede o recurso a este procedimento caso a mesma seja imputável à entidade adjudicante, ao contrário do ajuste direto previsto na alínea c) do nº 1 do art.º 24. No entanto, deve ser fundamentada a urgência, atendendo a que se trata do critério elementar para a escolha deste procedimento.

[128] Está assim afastado, por exemplo, o investimento em material de imobilizado.

[129] 135.000€, 209.000€ ou 750.000€ quando a entidade adjudicante seja, respetivamente, o Estado, outras entidades adjudicantes ou contratos relativos a serviços sociais constantes do anexo IX do CCP.

Tabela 23 – **Tramitação processual do concurso público urgente**

Tramitação	Base legal (CCP)
Decisão de contratar e de autorizar a despesa	Art.º 36º CCP
Escolha do procedimento e respetiva fundamentação	38º CCP
Peças do procedimento	Art.º 40º, nº 1 al. c) e nº 2; art.º 41º; art.º 42º; art.º 130º a 132º
Anúncio	Art.º 157º
Disponibilização eletrónica e gratuita das peças	Art.º 133º
Apresentação das propostas	Art.º 158º
Lista dos concorrentes e consulta das propostas apresentadas	Art.º 138º
Avaliação de propostas	Art.º 139º
Leilão eletrónico (se previsto no programa)	Art.º 140º a 145º
Adjudicação	Art.º 73º; art.º 160º
Notificação da decisão de adjudicação	Art.º 77º
Anúncio da adjudicação	Art.º 78º
Habilitação	Art.º 81º; art.º 161
Confirmação de compromissos	Art.º 92º
Redução do contrato a escrito	Art.º 94º
Aprovação e notificação da minuta de contrato	Art.º 98º; art.º 100º

O concurso público urgente segue a tramitação do concurso público (art.º 156º), com exceção do previsto nos artigos 157º a 161º, não lhe sendo aplicável as regras relativas a esclarecimentos e retificação das peças procedimentais, prorrogação de prazos, júri, caução, elaboração de relatório preliminar e audiência prévia (nº 2 do art.º 156º).

Tabela 24 – **Tramitação processual não aplicável ao concurso público urgente**

Tramitação <u>não</u> aplicável	Base legal – art.º 156º CCP
Júri	Art.º 67º a 69º
Esclarecimentos, retificação e alteração das peças procedimentais	Art.º 50º
Prazo para apresentação de propostas, prorrogação do prazo	Art.º 63º; art.º 64º
Lista dos concorrentes e consulta das propostas apresentadas	Art.º 138º
Relatório preliminar	Art.º 146º
Audiência prévia	Art.º 147º
Relatório final	Art.º 148º
Negociação das propostas	Art.º 149º a 154º
Caução	Art.º 88º e segts.

6.1.5. Concurso limitado por prévia qualificação

O concurso limitado por prévia qualificação é um procedimento pré contratual bietápico que pressupõe uma avaliação prévia da capacidade técnica e financeira dos concorrentes, após a qual estes poderão, se aceites, apresentar proposta.

Este procedimento rege-se pelas normas do concurso público com as necessárias adaptações, estando-lhe vedado expressamente a fase de negociação de propostas e o recurso a tramitação urgente (nº 2 do art.º 162º).

Não se encontra previsto na lei um critério específico para o recurso ao concurso limitado por prévia qualificação, já que os critérios para a sua escolha são os mesmos do concurso público. Assim, é prerrogativa do órgão competente para a decisão de contratar, a opção pelo concurso limitado por prévia qualificação ou pelo concurso público, devendo observar na escolha o princípio da proporcionalidade, de forma a que a escolha recaia sobre o procedimento mais adequado à proteção do interesse público.

Ao não se encontrar previsto legalmente nenhum outro critério que fundamente a opção por este procedimento em detrimento do concurso público, há a possibilidade da sua utilização servir como forma de entrave à concorrência, na medida em que pode a entidade adjudicante impor requisitos de admissibilidade difíceis de atingir por operadores recentes no mercado ou de dimensão reduzida. Entendemos assim que a escolha do concurso limitado por prévia qualificação, nos termos do nº 1 do art.º 36º, deve ser particularmente bem fundamentada, nomeadamente nos pressupostos que alicercem a necessidade dos concorrentes cumprirem os requisitos mínimos que a entidade adjudicante entenda impor.

O concurso limitado por prévia qualificação integra duas etapas distintas (art.º 163º):

1. Apresentação das candidaturas e qualificação dos candidatos;
2. Apresentação e análise das propostas e adjudicação.

No programa do procedimento (art.º 164º) devem ser indicados os requisitos mínimos da capacidade técnica exigida aos concorrentes, que devem ser adequados e proporcionais à natureza das prestações objeto do contrato a celebrar. Estes requisitos devem descrever as qualidades, situações, características e outros elementos de facto relevantes, nomeadamente a experiência curricular dos candidatos e os relativos aos recursos humanos, equipamentos, recursos tecnológicos ou outros, bem como ao modelo e capacidade organizacionais e de gestão ambiental.

Devem igualmente ser indicados (no programa do procedimento), os requisitos mínimos da capacidade financeira que os candidatos devem preencher, requisitos esses que não podem, por regra, exceder o dobro do valor do contrato a celebrar.

No caso de empreitadas ou concessão de obras públicas, os requisitos mínimos da capacidade técnica e financeira exigidos no programa do procedimento têm que ser superiores aos exigidos legalmente para concessão de alvará ou título de registo das habilitações à execução da obra a realizar (nº 4 do art.º 165º).

Tabela 25 – **Tramitação processual do concurso público limitado por prévia qualificação**

Tramitação	Base legal (CCP)
Decisão de contratar e de autorizar a despesa	Art.º 36º CCP
Escolha do procedimento e respetiva fundamentação	38º CCP
Peças do procedimento	Art.º 40º, nº 1 al. d) e nº 2; art.º 41º; art.º 42º; art.º 164º; art.º 189º
Júri	Art.º 67º a 69º
Anúncios	Art.º 130 e 131º
Disponibilização eletrónica e gratuita das peças	Art.º 133º
Esclarecimentos, retificação e alteração das peças procedimentais	Art.º 50º
Prazo para apresentação de propostas, prorrogação do prazo	Art.º 63º; art.º 64º
Apresentação das propostas	Art.º 135º a 137º
Lista dos concorrentes e consulta das propostas apresentadas	Art.º 138º
Avaliação de propostas	Art.º 139º
Leilão eletrónico (se previsto no programa)	Art.º 140º a 145º
Relatório preliminar	Art.º 146º
Audiência prévia	Art.º 147º
Relatório final	Art.º 148º
Negociação das propostas (se prevista no programa)	Art.º 149º a 154º

Adjudicação	Art.º 73º; art.º 76º
Notificação da decisão de adjudicação	Art.º 77º
Anúncio da adjudicação	Art.º 78º
Habilitação	Art.º 81º e segts.
Caução	Art.º 88º e segts.
Confirmação de compromissos	Art.º 92º
Redução do contrato a escrito	Art.º 94º
Aprovação e notificação da minuta de contrato	Art.º 98º; art.º 100º
Outorga do contrato	Art.º 104º

6.1.6. Procedimento de negociação

O procedimento pré-contratual de negociação apenas pode ser adotado em função de critérios materiais (art.º 29º), por oposição ao critério do valor do contrato a celebrar. Pode ainda ser adotado em função do tipo de contrato (nº 1 do art.º 31º), ou em função da natureza da entidade adjudicante (nº 1 do art.º 33º).

O procedimento de negociação pode assim ser utilizado quando:

a) As necessidades da entidade adjudicante não possam ser satisfeitas sem adaptação de soluções facilmente disponíveis;
b) Os bens ou serviços incluam a conceção de soluções inovadoras;
c) Não seja possível adjudicar o contrato sem negociações prévias devido a circunstâncias especiais relacionadas com a sua natureza, complexidade, estrutura jurídica e financeira ou devido aos riscos associados;
d) Não seja possível definir com precisão as especificações técnicas por referência a norma, homologação técnica ou especificações técnicas comuns ou referência técnica;
e) Esteja em causa a formação de contratos de concessão de obras e de serviços públicos e contratos de sociedade;
f) Estejamos perante a formação de contratos que digam respeito, direta ou indiretamente, a atividades exercidas nos setores da água, energia, transportes e serviços postais pelas entidades adjudicantes referidas no nº 1 do art.º 7º do CCP.

O procedimento de negociação não permite o recurso a leilão eletrónico (art.º 195º) e é composto por quatro fases (art.º 194º):

a) Apresentação de candidaturas e qualificação dos candidatos;
b) Apresentação e análise das versões iniciais das propostas;
c) Negociação das propostas;
d) Análise das versões finais das propostas e adjudicação.

Trata-se de um procedimento reservado à celebração de contratos com particular complexidade ou risco (art.º 29º). As negociações, por remissão do art.º 202, decorrem de acordo com o formalismo previsto para a consulta prévia (art.º 119º a 121º):

- O júri notifica os concorrentes, com uma antecedência mínima de três dias, da data, da hora e do local da primeira sessão de negociações e do formato que as mesmas adotarão. Pode optar por negociações individuais ou com todos os concorrentes em simultâneo, podendo mudar o formato a qualquer momento.
- Deve ser lavrada ata de cada uma das sessões de negociação, assinada pelos participantes.
- Aos concorrentes devem ser dadas iguais oportunidades para alterar as respetivas propostas, durante as sessões de negociação.
- As atas e quaisquer outras informações ou comunicações, escritas ou orais, prestadas pelos concorrentes à entidade adjudicante, devem manter-se sigilosas durante a fase de negociação. Em cumprimento do princípio da transparência, os concorrentes terão acesso às atas na fase de audiência prévia (art.º 153º, por remissão do art.º 203º).

Tabela 26 – **Tramitação processual do procedimento por negociação**

Tramitação	Base legal (CCP)
Decisão de contratar e de autorizar a despesa	Art.º 36º CCP
Escolha do procedimento e respetiva fundamentação	38º CCP; art.º 29º; art.º 31, nº 1 e art.º 33 nº 1
Peças do procedimento	Art.º 40º nº 1 al. f) e nº 2; art.º 41º; art.º 42º; art.º 206º, art.º 207, art.º 209º, art.º 217º
Júri	Art.º 67º a 69º
Anúncios	Art.º 208º

Disponibilização eletrónica e gratuita das peças	Art.º 133º
Esclarecimentos, retificação e alteração das peças procedimentais	Art.º 50º
Prazo para apresentação de propostas, prorrogação do prazo	Art.º 63º; art.º 64º
Apresentação das propostas	Art.º 198º
Lista dos concorrentes e consulta das propostas apresentadas	Art.º 138º, art.º 193º
Avaliação de propostas	Art.º 139º; art.º 200º
Relatório preliminar	Art.º 146º; art.º 200º
Audiência prévia	Art.º 147º, art.º 200º
Relatório final	Art.º 148º, art.º 200º
Negociação das propostas	Art.º 118º nº 2, art.º 119º a 121, art.º 202º
Segundo relatório preliminar	Art.º 152º, Art.º 203º
Audiência prévia	Art.º 153º, art.º 203º
Segundo relatório final	Art.º 154º, art.º 203
Adjudicação	Art.º 206º nº 3, Art.º 74º nº 1 al. a)
Notificação da decisão de adjudicação	Art.º 77º
Anúncio da adjudicação	Art.º 78º
Habilitação	Art.º 81º e segts.
Caução	Art.º 88º e segts.
Confirmação de compromissos	Art.º 92º
Redução do contrato a escrito	Art.º 94º
Aprovação e notificação da minuta de contrato	Art.º 98º; art.º 100º
Outorga do contrato	Art.º 104º

6.1.7. Diálogo concorrencial

Este procedimento caracteriza-se, tal como o procedimento pré-contratual de negociação, por apenas ser adotado em função de critérios materiais (art.º 29º) ou em função da entidade adjudicante (art.º 33º), quando:

a) As necessidades da entidade adjudicante não possam ser satisfeitas sem adaptação de soluções facilmente disponíveis;
b) Os bens ou serviços incluam a conceção de soluções inovadoras;
c) Não seja possível adjudicar o contrato sem negociações prévias, devido a circunstâncias especiais relacionadas com a sua natureza, complexidade, estrutura jurídica e financeira ou devido aos riscos associados;

d) Não seja possível definir com precisão as especificações técnicas por referência a norma, homologação técnica ou especificações técnicas comuns ou referência técnica.
e) Esteja em causa a formação de contratos de concessão de obras e de serviços públicos e contratos de sociedade;
f) Estejamos perante a formação de contratos que digam respeito direta ou indiretamente a atividades exercidas nos setores da água, energia, transportes e serviços postais pelas entidades adjudicantes referidas no nº 1 do art.º 7º.

Este procedimento caracteriza-se por dispor de uma fase de diálogo com os candidatos previamente admitidos ao procedimento através de uma fase prévia de qualificação, possibilitando o desenho de uma solução que melhor corresponda às necessidades da entidade adjudicante. Não permite o recurso a leilão eletrónico nem a fase de negociação e rege-se, com as necessárias adaptações, pelo regime do concurso limitado por prévia qualificação (art.º 207º).

O procedimento pré-contratual de diálogo concorrencial pressupõe três fases:

a) Apresentação de candidaturas e qualificação de candidatos;
b) Apresentação de soluções e diálogo com os candidatos qualificados;
c) Apresentação e análise das propostas e adjudicação.

Perante um contrato particularmente complexo, nomeadamente do qual decorre a impossibilidade objetiva de definição precisa das especificações técnicas (art.º 29º), a entidade adjudicante pode adotar um procedimento ao qual os concorrentes, antes de apresentarem proposta e após uma qualificação prévia, são convidados a estudar e apresentar soluções sobre características ou aspetos técnicos, jurídicos e financeiros do contrato a celebrar, que vão permitir à entidade adjudicante elaborar um caderno de encargos com a solução considerada mais adequada e à qual os concorrentes apresentarão proposta final.

Tabela 27 – **Tramitação processual do diálogo concorrencial**

Tramitação	Base legal (CCP)
Decisão de contratar e de autorizar a despesa	Art.º 36º CCP
Escolha do procedimento e respetiva fundamentação	38º CCP
Peças do procedimento	Art.º 40º nº 1 al. e) e nº 2; art.º 41º; art.º 42º; art.º 196º, art.º 197; art.º 199º, art.º 209º
Júri	Art.º 67º a 69º
Anúncios	Art.º 197º
Disponibilização eletrónica e gratuita das peças	Art.º 133º
Esclarecimentos, retificação e alteração das peças procedimentais	Art.º 50º
Prazo para apresentação de propostas, prorrogação do prazo	Art.º 63º; art.º 64º, art.º 218º
Apresentação de soluções	Art.º 210º, Art.º 62º
Avaliação de soluções	Art.º 139º, art.º 212
Relatório preliminar	Art.º 146º, art.º 212º nº 1
Audiência prévia	Art.º 212 nº 3, art.º 123 nº 1
Relatório final	Art.º 212º nº 4
Notificação da admissão ou exclusão das soluções	Art.º 2012 nº 6
Diálogo	Art.º 213º, art.º 214º, art.º, 2015º
Relatório do diálogo	Art.º 215º
Notificação da conclusão do diálogo	Art.º 216º
Convite à apresentação de propostas	Art.º 217º
Apresentação de propostas	Art.º 218º
Avaliação de propostas	Art.º 139º
Relatório preliminar	Art.º 204 nº 2, art.º 162º n.º, art.º 146º
Audiência prévia	Art.º 204 nº 2, art.º 162º nº 1, Art.º 147º
Relatório final	Art.º 204 nº 2, art.º 162º nº 1, Art.º 148º
Adjudicação	Art.º 73º; art.º 76º; art.º 206º nº 3; art.º 74º nº 1 a)
Notificação da decisão de adjudicação	Art.º 77º
Anúncio da adjudicação	Art.º 78º
Habilitação	Art.º 81º e segts.
Caução	Art.º 88º e segts.
Confirmação de compromissos	Art.º 92º
Redução do contrato a escrito	Art.º 94º
Aprovação e notificação da minuta de contrato	Art.º 98º; art.º 100º
Outorga do contrato	Art.º 104º

6.1.8. Parceria para a inovação

Este procedimento pré-contratual pode ser adotado quando a entidade adjudicante pretenda a realização de atividades de investigação e o desenvolvimento de bens, serviços ou obras inovadoras (art.º 30º-A). Junta-se assim num mesmo procedimento a investigação e desenvolvimento e a aquisição do resultado.

Este procedimento pré-contratual corresponde, na prática, a um modelo de parceria público-privada para a inovação, que visa incentivar os operadores económicos e evitar os conflitos resultantes dos auxílios ilegais de Estado[130].

Não se encontra no CCP a definição de "inovação". No entanto, de acordo com o art.º 31º da própria Diretiva 2014/24/CE e com a alínea a) do nº 3 do art.º 218º-A do CCP, este procedimento destina-se à aquisição de produtos, serviços ou obras inovadoras que não possam ser obtidos mediante a aquisição de produtos, serviços ou obras já disponíveis no mercado, o que leva ao entendimento de se tratar de um procedimento pré-contratual em que se exige que a inovação (no sentido de inexistência no mercado de algo capaz de satisfazer a necessidade) faça parte da própria necessidade a satisfazer.

Nesse sentido, este procedimento não poderá ser utilizado para obtenção de propostas que inovem ou apresentem alternativas em relação a uma necessidade definida de forma concreta, uma vez que nesse campo estamos perante a natureza das propostas variantes. Também não se poderá confundir com a impossibilidade de definir com precisão as especificações técnicas, ou com necessidades não possam ser satisfeitas sem adaptação de soluções existentes, uma vez que nesses casos entramos no campo dos procedimentos de negociação ou diálogo concorrencial.

A parceria para a inovação pressupõe três fases, que podemos resumir da seguinte forma:

[130] O conceito de auxílio de Estado encontra-se previsto no art.º 107º do Tratado sobre o Funcionamento da União Europeia e define-se como qualquer medida concedida pelo Estado ou proveniente de recursos públicos, que confira vantagem económica aos beneficiários, suscetível de afetar as trocas comerciais entre os Estados-Membros, concedida de forma seletiva, que favoreça o beneficiário e que falseie ou ameace falsear a concorrência. Para que um auxilio de Estado não seja considerado ilegal, terá que cumprir um conjunto restritivo de requisitos.

1. Apresentação de candidaturas, que pode ou não incluir a qualificação dos candidatos, atendendo à complexidade dos projetos. Prevê a negociação das propostas, sendo a adjudicação feito de acordo com a proposta economicamente mais vantajosa, na modalidade qualidade/preço (art.º 218º-A);
2. Apresentação de propostas de projetos de investigação e desenvolvimento e celebração da parceria. Apesar de não existirem lotes neste procedimento, a entidade adjudicante pode estabelecer uma ou várias parecerias, numa lógica de competição entre operadores económicos (nº 1 a 3 do art.º 218º-D).
   Devem ser estabelecidas metas, com pagamentos de remunerações em frações adequadas, mas a entidade adjudicante é livre, no final de cada fase de desenvolvimento, de pôr fim à parceria ou de reduzir o número de parceiros, desde que o tenha previsto nas peças do procedimento (nº 4 e 5 do art.º 218º-D)
3. Fase de aquisição do resultado da parceria (nº 6 e 7 do art.º 218º-D).

A componente de inovação não se encontra restrita a este procedimento, o qual, aliás, consideramos reservar-se a utilizações muito pontuais e específicas. No art.º 301º-A encontramos a possibilidade de estabelecimento de contratos com uma forte componente de inovação, com a possibilidade de faseamento da execução e associação do pagamento ao cumprimento de objetivos ou até do contraente público pôr termo ao contrato em fases intermédias de avaliação de resultados.

Tabela 28 – **Tramitação processual da parceria para a inovação**

Tramitação	Base legal (CCP)
Decisão de contratar e de autorizar a despesa	Art.º 36º CCP
Escolha do procedimento e respetiva fundamentação	38º CCP, art.º 30º-A
Peças do procedimento	Art.º 40º nº 1 al. g) e nº 2; art.º 41º; art.º 42º; art.º 218º-B
Júri	Art.º 67º a 69º
Anúncios	Art.º 217º-A nº 2, art.º 167º
Disponibilização eletrónica e gratuita das peças	Art.º 133º
Esclarecimentos, retificação e alteração das peças procedimentais	Art.º 50º

Negociação das propostas de projeto de investigação e desenvolvimento	Art.º 218º-C
Relatório preliminar	art.º 218-D nº 1Art.º 146º,
Audiência prévia	Art.º 218-D, Art.º 147;
Relatório final	Art.º 218-D, art.º 148º
Negociação das propostas	Art.º 218º-A nº 5, art.º 202º, art.º 118º nº 2, art.º 119º a 121,
Segundo relatório preliminar	Art.º 218º-B nº 5, Art.º 203º, art.º 152º,
Audiência prévia	Art.º 218º-B n. 5., art.º 203º, art.º 153º,
Segundo relatório final	Art.º 218º-B nº5, art.º 203, art.º 154º
Adjudicação	Art.º 73º; art.º 75º; art.º 218º-Cº nº2; art.º 74º nº1 a)
Notificação da decisão de adjudicação	Art.º 77º
Anúncio da adjudicação	Art.º 78º
Habilitação	Art.º 81º e segts.
Caução	Art.º 88º e segts.
Confirmação de compromissos	Art.º 92º
Redução do contrato a escrito	Art.º 94º
Aprovação e notificação da minuta de contrato	Art.º 98º; art.º 100º
Outorga do contrato	Art.º 104º

6.2. Instrumentos procedimentais especiais

O CCP prevê procedimentos de aquisição que designa de instrumentos procedimentais especiais, por disporem de tramitação com diversas particularidades ou por se destinarem à celebração de contratos cujo objeto assume uma natureza muito particular.

6.2.1. Concurso de conceção e concurso de ideias

O concurso de conceção (art.º 219º-A) visa selecionar trabalhos de conceção, nomeadamente de nível artístico, engenharia ou processamento de dados, entre outos fins.

O concurso de ideias, de tramitação semelhante, destina-se a adquirir uma ou mais propostas de ideias, remuneradas através da atribuição de um prémio (art.º 219º-J).

Estes procedimentos visam a escolha e aquisição de estudos, projetos ou ideias, tendo como fim a aquisição do resultado da criatividade de artistas ou especialistas na matéria em causa, permitindo à entidade adjudicante obter a solução mais adequada, seja ao nível conceptual, artístico, arquitetónico ou outro.

Estes concursos têm uma particularidade: tem que ser mantido o anonimato dos concorrentes, cuja identidade apenas poderá ser conhecida após a elaboração do relatório final (nº 2 do art.º 219º-B e nº 4º do art.º 219º-J), ou seja, após avaliação das propostas por parte do júri.

O procedimento assume, por regra, a forma de concurso público ou, quando devidamente justificado, concurso público limitado por prévia qualificação (nº 3 do art.º 219º-A). No entanto, apesar da obrigatoriedade de utilização de plataforma eletrónica para apresentação de propostas, este procedimento prevê a possibilidade de alguns elementos serem apresentados em papel e enviados por correio ou entrega pessoal (nº 4 do art.º 219º-B).

6.2.2. Sistemas de aquisição dinâmicos

O sistema de aquisição dinâmico é um procedimento totalmente eletrónico, para celebração de contratos de aquisição de bens móveis ou de serviços de uso corrente e de empreitadas de obras públicas de complexidade reduzida (art.º 237º). Tem a particularidade de, salvo se previsto expressamente no caderno de encargos, as entidades adjudicantes não serem obrigadas a celebrar contratos ao seu abrigo (nº 7 do art.º 237º).

Estes procedimentos, que se regem supletivamente pelo regime do concurso público limitado por prévia qualificação, constituem uma bolsa de concorrentes que apresentam inicialmente as suas propostas, as quais podem ser atualizadas ao longo da vigência do sistema.

O sistema de aquisição dinâmico não pode, em regra, ter duração superior a 4 anos, sendo composto pelas seguintes fases (art.º 238º):

- Criação do sistema, publicitado através do Diário da República e, quando obrigatório, do JOUE;
- Apresentação de candidaturas e qualificação dos candidatos, que vigorará pelo período de duração do sistema;
- Apresentação e análise das propostas.

Para celebrar contratos através do sistema de aquisição dinâmico, a entidade adjudicante envia convites à apresentação de propostas aos candidatos que estejam qualificados, onde conste a identificação do sistema dinâmico, o prazo para apresentação de propostas, o critério de adjudicação e fatores de avaliação e, ainda, o valor e modo de apresentação da caução (art.º 241º-A).

É ainda possível o recurso a leilão e catálogos eletrónicos.

6.2.3. Sistemas de qualificação

Os sistemas de qualificação são de uso exclusivo no âmbito das atividades exercidas nos setores da água, energia, transportes e serviços postais, pelas entidades adjudicantes identificadas no nº 1 do art.º 7º. Destina-se a constituir uma bolsa de interessados em participar em concursos limitados por prévia qualificação ou procedimentos de negociação para formação de contratos de empreitadas de obras públicas, contratos de aquisição de bens móveis ou serviços (art.º 245º).

Os interessados qualificados serão selecionados para apresentarem propostas em concursos limitados por prévia qualificação ou por negociação, não tendo que passar pela fase prévia de qualificação (art.º 250º).

A entidade adjudicante pode ainda recorrer a sistemas de qualificação de outras entidades adjudicantes para selecionar interessados qualificados.

6.2.4. Serviços sociais e outros serviços específicos

Nos termos do art.º 6º-A, a parte II do CCP não é aplicável à formação de contratos públicos que tenham por objeto a aquisição de serviços sociais ou outros serviços específicos, identificados no anexo IX do CCP, a não ser que o valor de cada contrato seja superior ao limiar previsto na alínea d) do nº 3 do art.º 474º[131].

Os contratos públicos de valor igual ou superior ao limiar previsto na alínea d) do nº 3 do art.º 474º e que tenham por objeto a aquisição de serviços sociais ou de outros serviços específicos, identificados no anexo IX do CCP, são adjudicados de acordo com o disposto na parte II do CCP, com as adaptações constantes dos artigos 250º-B e 250º-C.

Para o efeito, devem as entidades adjudicantes publicitar a sua intenção de contratar, através da publicação de anúncio no JOUE e no Diário da República, nos termos previstos no nº 1 do art.º 250º-B, devendo igualmente publicitar a adjudicação.

Atendendo à natureza específica do objeto do contrato e sem prejuízo de garantirem o cumprimento dos princípios gerais da contratação pública,

[131] 750.000€

as entidades adjudicantes gozam de autonomia na elaboração das peças do procedimento, podendo afastar ou incluir quaisquer regras ou formalidades, desde que necessárias para atingir objetivos de:

- Garantia de elevada qualidade, continuidade, acessibilidade, disponibilidade e exaustividade dos serviços a adquirir;
- Consideração adequada das necessidades específicas das diferentes categorias de utilizadores dos bens e serviços, incluindo os grupos desfavorecidos e vulneráveis;
- Envolvimento e capacitação dos utilizadores e inovação.

O critério de adjudicação é o constante na alínea a) do nº 1 do art.º 74º, ou seja, o da proposta economicamente mais vantajosa, podendo ser também utilizados como critérios fatores como:

- Qualidade e humanidade dos cuidados a prestar, avaliada através do histórico de satisfação, entrevistas ou qualidade da descrição dos cuidados na proposta;
- Indicadores ou níveis estimados de impacto social positivo a obter com a execução do contrato.

O art.º 250º-D prevê ainda a possibilidade de celebração de contratos reservados para determinados serviços, quando estejam em causa serviços de saúde, sociais, ensino e culturais, identificados no anexo X do CCP. No entanto, os concorrentes a tais procedimentos têm que preencher cumulativamente os seguintes requisitos:

- Terem por objeto a prossecução de uma missão de serviço público ligada à prestação de serviços de cariz social;
- Reinvestirem os seus lucros com vista à prossecução dos objetivos da organização;
- Contarem com a participação dos trabalhadores no capital social ou basearem a sua estrutura de gestão em princípios participativos que envolvam os próprios trabalhadores;
- Não terem celebrado nos últimos três anos, com a mesma entidade adjudicante, qualquer contrato relativo a serviços sociais e outros serviços específicos.

Estamos perante procedimentos com um caráter excecional, reservados à celebração de contratos cujo objeto se encontra entre os previstos nos anexos IX e X do CCP. Os serviços em causa são identificados pelo respetivo código CPV.

O CPV – Vocabulário Comum para os Contratos Públicos – foi aprovado pelo Regulamento (CE) nº 213/2008 da Comissão, de 28 de novembro de 2007, e estabelece um sistema único de classificação aplicável aos contratos públicos, com o objetivo de normalizar as referências que as autoridades e entidades adjudicantes utilizam para caracterizar o objeto dos seus contratos públicos[132].

6.2.5. Acordos-quadro

Acordo-quadro, nos termos da definição do art.º 251º, é o contrato celebrado entre uma ou várias entidades adjudicantes e uma ou mais entidades, com vista a disciplinar relações contratuais futuras a estabelecer ao longo de determinado período de tempo, mediante a fixação antecipada dos respetivos termos.

A celebração de acordos-quadro visa assim sujeitar relações contratuais a estabelecer no futuro, as quais terão uma duração determinada e cujos preceitos ficaram antecipadamente estabelecidos.

O CCP estabelece duas modalidades de acordo-quadro (art.º 252º):

1. *Estabelecido com uma ou várias entidades*, quando todos os aspetos da execução do contrato a celebrar ao seu abrigo estão devidamente especificados e submetidos à concorrência;
   Na celebração de contratos ao abrigo de acordos-quadro cujos termos abranjam todos os aspetos submetidos à concorrência (alínea a) do nº 1 do art.º 252º), deve ser adotado o procedimento por ajuste direto, não sendo necessária a elaboração de caderno de encargos, já que o contrato a celebrar deverá corresponder às condições contratuais estabelecidas no próprio acordo-quadro, sem prejuízo do adjudicatário poder ser convidado a pormenorizar a sua proposta. Caso haja mais do que um cocontratante, o adjudicatário é selecionado de acordo com

[132] Para além da consulta do próprio Regulamento (CE) nº 213/2008, de 28 de novembro de 2007, os códigos CPV podem ser facilmente consultados *na internet*, por exemplo em: http://www.govis.pt/codigos/cpv

os critérios objetivos estabelecidos no caderno de encargos do acordo--quadro, não havendo assim abertura à concorrência (art.º 258º).

2. *Estabelecido com várias entidades*, quando não estejam suficientemente especificados os aspetos da execução dos contratos a celebrar ao seu abrigo.
   Na celebração de contratos ao abrigo de acordos-quadro cujos termos não abranjam todos os seus aspetos submetidos à concorrência (alínea b) do nº 1 do art.º 252º), o procedimento a adotar será a consulta prévia, devendo constar do caderno de encargos do acordo-quadro as regras relativas aos cocontratantes a convidar, em função dos lotes ou do valor do contrato celebrar. Caso a adjudicação seja realizada com base no preço ou no custo e a aquisição seja feita através de sistema de informação (plataforma eletrónica) da própria entidade adjudicante, esta fica dispensada das restantes formalidades previstas no CCP para o procedimento, nomeadamente a elaboração de relatórios preliminar e final e a audiência prévia (art.º 259º).

Nesta segunda modalidade, a entidade adjudicante deverá dirigir aos cocontratantes do acordo-quadro um convite à apresentação de propostas circunscritas:

- Aos termos do acordo-quadro, consubstanciando ou complementando de acordo com as particularidades da necessidade que visa satisfazer com a celebração do contrato; ou
- Aos aspetos da execução do contrato a celebrar submetidos à concorrência pelo caderno de encargos do acordo-quadro para os efeitos do procedimento de formação do contrato a celebrar.

O convite deve indicar o prazo e o modo de apresentação das propostas, os termos supra referidos e o critério de adjudicação, de acordo com o definido no caderno de encargos de formação do acordo-quadro, dispensando assim a elaboração de caderno de encargos. O convite pode ainda prever a realização de leilão eletrónico e, caso o critério de adjudicação seja o da proposta economicamente mais vantajosa, a avaliação das propostas segue os trâmites previstos no art.º 139º (art.º 259º).

Quando estabelecido com várias entidades, o programa do procedimento de formação do acordo-quadro deve indicar o número de propostas a adjudicar, que não deverá ser inferior a três, salvo quando o número de candidatos qualificados ou de propostas apresentadas e não excluídas seja inferior (nº 4º do art.º 253º).

O cocontratante de um acordo-quadro obriga-se a celebrar contratos nas condições previstas naquele, na medida que a entidade adjudicante o requeira. No entanto, salvo indicação expressa em contrário no caderno de encargos, a entidade adjudicante não é obrigada a celebrar contratos ao seu abrigo (art.º 255º).

O prazo de vigência dos acordos-quadro não pode ultrapassar os 4 anos, salvo se, a título excecional, o caderno de encargos fixar prazo de vigência superior por o mesmo ser adequado em função da natureza das prestações objeto desse acordo-quadro (art.º 256º).

Só podem celebrar contratos ao abrigo de um acordo-quadro as partes nesse acordo-quadro, sem prejuízo da possibilidade de novas entidades adjudicantes aderirem, desde que programa ou convite do procedimento que lhe deu origem tenha indicado essa possibilidade (nº 1 e 4º do art.º 257º).

Os contratos celebrados ao abrigo de acordos-quadro não podem alterar substancialmente as condições consagradas nestes últimos. No entanto e apenas se expressamente previsto no caderno de encargos do acordo-quadro, a entidade adjudicante pode atualizar as caraterísticas dos bens ou serviços a adquirir, com o fundamento da existência de inovações tecnológicas, modificando-as ou substituindo-as por outras, desde que se mantenha o tipo de prestação e os objetivos das especificações fixadas inicialmente no procedimento de formação do acordo-quadro (nº 2 e 3 do art.º 257).

6.2.6. Obtenção de preço mais vantajoso fora do acordo-quadro

As entidades adjudicantes abrangidas por sistemas de compra vinculados ao abrigo de acordo-quadro ficam excecionados dessa vinculação caso comprovem que, para determinada aquisição de bens móveis ou serviços (este mecanismo não se encontra previsto para as empreitadas de obras públicas), o recurso ao acordo-quadro teria como consequência o pagamento de um preço pelo menos 10% superior ao preço adjudicado, para objeto com as mesmas características e nível de qualidade.

Existe assim a possibilidade, prevista no art.º 256º-A, de uma entidade adjudicante obrigada a comprar através de acordo-quadro vinculativo, derrogar o mesmo caso o mercado ofereça melhores condições. Para tal terá que comprovar, como já referido (n.º 1º do art.º 256º-A), que o recurso ao acordo-quadro teria como consequência o pagamento de um preço, pelo menos, 10% superior ao preço adjudicado fora do mesmo.

Este mecanismo, se bem que excecional, tem relevância na medida em que poderá combater a cartelização em setores de mercado com pouca concorrência, permitindo a entrada de novos operadores no mercado de compras públicas durante a vigência de um acordo-quadro.

Tabela 29 – **Art.º 256º-A**

<table>
<tr><th colspan="3">Obtenção de preço mais vantajoso fora do acordo-quadro – Art.º 256º-A</th></tr>
<tr><th>Valor do contrato</th><th>Entidade adjudicante</th><th>Entidade convidada</th></tr>
<tr><td rowspan="2">Aquisição ou locação de bens móveis ou aquisição de serviços cujo preço contratual seja igual ou inferior a 5.000€ (al. a) do nº 3º do art.º 256º-A)</td><td>Deverá apresentar:
• Fatura pró-forma ou documento equivalente.</td><td>Deverá apresentar:
• Declaração na qual conste que o bem ou serviço tem as mesmas características e nível de qualidade dos bens ou serviços objeto do acordo-quadro</td></tr>
<tr><td colspan="2">Procedimento pré contratual:
A adjudicação poderá ser feita pelo órgão competente para a decisão de contratar, diretamente sobre a fatura pró-forma ou documento equivalente (nº 4º do art.º 256º-A)</td></tr>
<tr><td rowspan="2">Aquisição ou locação de bens móveis ou aquisição de serviços cujo preço contratual seja inferior ao previsto na al. b) do nº 3 do art.º 474º, ou seja, a 135.000€ (al. b) do nº 3º do art.º 256º-A)</td><td>Deverá apresentar:
• Documento que contenha a versão simplificada dos atributos da proposta, de acordo com os quais a entidade convidada se dispõe a contratar, incluindo os aspetos da execução do contrato aos quais a entidade adjudicante pretende que a entidade convidada se vincule.</td><td>Deverá apresentar:
• Declaração de aceitação do conteúdo do caderno de encargos do acordo-quadro, elaborada nos termos do modelo constante do anexo I do CCP.</td></tr>
<tr><td colspan="2">Procedimento pré contratual:
A declaração e os documentos referidos equivalem a uma proposta, seguindo-se o procedimento subsequente conforme previsto na Parte II do CCP (nº 5º do art.º 256º-A)</td></tr>
<tr><td rowspan="2">Aquisição ou locação de bens móveis ou aquisição de serviços cujo preço contratual seja igual ou superior ao previsto na al. b) e c) do nº 3 do art. 474º, ou seja, a 135.000€ ou 209.000€ de acordo com a natureza da entidade adjudicante (al. c) do nº 3º do art.º 256º-A)</td><td>n.a.</td><td>Deverá apresentar:
• Declaração de aceitação do conteúdo do caderno de encargos do acordo-quadro, elaborada nos termos do modelo constante do anexo I do CCP.</td></tr>
<tr><td colspan="2">Procedimento pré contratual:
Procedimento aplicável nos termos da Parte II do CCP, ficando a entidade convidada vinculada a apresentar proposta no âmbito de procedimento pré-contratual, por preço não superior ao declarado.</td></tr>
</table>

Capítulo 7
O júri

Os procedimentos para formação de contratos são conduzidos por um júri composto por um número ímpar de elementos, com um mínimo de três efetivos (um dos quais preside) e dois suplentes (art.º 67º). O Tribunal de Contas, nas suas recomendações, considera que "os júris dos concursos devem ser nomeados para cada procedimento específico, nominalmente e de modo a assegurar a rotação de membros"[133].

O júri é designado pelo órgão competente para a decisão de contratar e, apesar de apenas entrar em funções no dia útil seguinte ao do envio do anúncio para publicação ou do convite (nº 1 do art.º 68º), a sua designação deverá ocorrer em simultâneo com a autorização de abertura do procedimento pré-contratual.

O nº 2 do art.º 67º clarifica que os titulares do órgão competente para a decisão de contratar, podem ser designados membros do júri. Trata-se de uma opção clarificadora do legislador que, embora se possa estribar no próprio regime de impedimentos previsto no Código de Procedimento Administrativo, não deixa de pôr em causa o princípio da segregação de funções[134].

Apenas não há obrigatoriedade de designação de júri no caso do procedimento por ajuste direto (nº 1 do art.º 67º), no caso do procedimento por

[133] www.tcontas.pt/pt/actos/acordaos/sintese-1s/sintese-cap2.shmt

[134] Cf. alínea b) do nº 2 do art.º 69º do CPA.

consulta prévia ou concurso público urgente (nº 3 do art.º 67º), casos em que os procedimentos podem ser conduzidos pelos serviços da entidade adjudicante. Pode ainda ser dispensado em qualquer procedimento em que seja apresentada apenas uma proposta (nº 4 do art.º 67º), tratando-se neste último caso de uma dispensa superveniente, já que o júri estará já em funções.

Antes de iniciarem funções, quer os membros do júri quer os peritos ou outros intervenientes na avaliação das propostas, deverão subscrever uma declaração de inexistência de conflitos de interesse, segundo o modelo do anexo XIII do CCP. Esta declaração é relevante, nomeadamente para efeitos do nº 2 do art.º 55º.

Como já referido, o júri inicia formalmente funções no dia útil seguinte ao do envio do anúncio para publicação ou do envio do convite e só poderá funcionar quando o número de membros presentes corresponda ao número de membros que o integram, pelo que, caso faltem membros efetivos e o número de suplentes não chegue para os substituir, a reunião não se poderá realizar, já que não poderá funcionar apenas com a maioria dos membros presentes (nº 2 do art.º 68º).

Como disposto no nº 1 do art.º 69º, compete ao júri:

a) Proceder à apreciação das candidaturas:
b) Proceder à apreciação das propostas:
c) Proceder à apreciação de soluções e projetos;
d) Elaborar relatórios de análise das candidaturas, das propostas e das soluções e projetos.

A função primordial do júri é, assim, a condução da fase de análise de candidaturas ou propostas, podendo no entanto exercer as competências que lhe sejam delegadas (nº 2 do art.º 69º), nomeadamente a prestação de esclarecimentos, desde que identificado nas peças do procedimento (alínea a) do nº 5 do art.º 50º), o que justifica o motivo pelo qual inicia formalmente funções, como referido, no dia útil seguinte ao do envio do anúncio para publicação ou do convite. A delegação de competências deve ser publicitada nas peças do procedimento e nos termos gerais previstos no nº 2 do art.º 47º do CPA.

No entanto, há matérias que não podem ser delegadas no júri do procedimento (cf. segunda parte do nº 2 do art.º 69º):

- A retificação das peças do procedimento;
- A decisão sobre erros ou omissões identificados pelos interessados;
- A decisão de qualificação dos candidatos;
- A decisão de adjudicação.

Também se consideram indelegáveis as decisões relativas às impugnações administrativas (nº 2 do art.º 271º).

As suas decisões são tomadas por maioria, não sendo admissível a abstenção e todas as deliberações devem ser fundamentadas. Caso exista voto de vencido, devem constar em ata os seus motivos, o que releva para efeitos de isenção de responsabilidade, nos termos previstos no art.º 35º do Código do Procedimento Administrativo[135]. Para além da possibilidade de nomeação de um secretário para apoio, podem ser designados pelo órgão competente para a decisão de contratar peritos ou consultores, sem direito de voto nas reuniões do júri (cf. art.º 68º).

As propostas do júri não são vinculativas para o órgão competente para contratar, salvo nos casos expressamente previstos, como se depreende do nº 4 do art.º 124º, ou do nº 4 do art.º 148, ou ainda do nº 4 do art.º 186º, na medida em que fica expresso que o órgão competente para a decisão de contratar tem a faculdade de decidir sobre a aprovação de todas as propostas contidas no relatório final, nomeadamente para efeitos de adjudicação[136]. Situação diversa é a prevista no art.º 219º-E, em que as deliberações do júri, relativas à ordenação dos trabalhos de conceção ou à exclusão dos mesmos, têm caráter vinculativo para a entidade adjudicante.

Toda a atividade do júri, nomeadamente as reuniões, deverá ser documentada através de atas devidamente assinadas pelos seus membros, às quais os concorrentes poderão aceder na fase de audiência prévia.

[135] Nº 2 do art.º 35º do CPA: "Aqueles que ficarem vencidos na deliberação tomada e fizerem registo da respetiva declaração de voto na ata ficam isentos da responsabilidade que daquela eventualmente resulte".

[136] Cf. Nº 2º do art.º 91º do CPA.

Capítulo 8
Participação em procedimentos pré-contratuais

No âmbito da participação em procedimentos de formação de contratos há que fazer a destrinça entre candidato e concorrente.

Candidato é a entidade, pessoa singular ou coletiva, que participa na fase de qualificação de um concurso limitado por prévia qualificação, procedimento de negociação, diálogo concorrencial ou parceria para a inovação (art.º 52º). Já o concorrente é a entidade, pessoa singular ou coletiva, que participa em qualquer procedimento de formação de contratos através da apresentação de uma proposta (art.º 53º).

Apenas o concorrente pode apresentar proposta, pelo que o candidato a um concurso limitado por prévia qualificação, procedimento de negociação, diálogo concorrencial ou parceria para a inovação, tem primeiro que ultrapassar com sucesso a fase de qualificação para poder apresentar proposta, adquirindo então a qualidade de concorrente.

8.1. Regras de participação em procedimentos pré-contratuais

Pode participar num procedimento pré-contratual qualquer pessoa, singular ou coletiva, ou agrupamento de pessoas singulares ou coletivas, independentemente da sua área de atividade. Um candidato ou concorrente que participe integrado num agrupamento, não pode apresentar candidatura ou proposta individual no mesmo procedimento (art.º 54º).

Para efeitos de participação, um agrupamento que apresente candidatura ou proposta não necessita de se encontrar ao abrigo de uma modalidade de associação mas, para efeitos de adjudicação, todos os membros do agrupamento têm obrigatoriamente que se associar na modalidade de associação prevista do programada do procedimento, antes da celebração do contrato (nº 1 e 4 do art.º 54º).

O art.º 54º-A prevê a figura do contrato reservado, pela qual a entidade adjudicante pode reservar a entidades que tenham como objeto principal a integração social ou profissional de pessoas deficientes ou desfavorecidas, a possibilidade de apresentarem candidatura ou proposta.

8.1.1. Impedimentos

Umas das críticas por parte dos contraentes públicos ao CCP, era relativa à impossibilidade de excluírem ou impedirem a participação de concorrentes, em procedimentos pré-contratuais, com um histórico de falhas e incumprimentos. As alterações introduzidas no CCP, em particular no art.º 55º, pelo D.L. nº 111º-B/2017, de 31 de agosto, vieram, de alguma forma, colmatar essa lacuna.

O CCP prevê um conjunto de situações impeditivas da participação de operadores económicos em procedimentos de formação de contratos, as quais se encontram elencadas no art.º 55º e que cobrem uma vasta gama de comportamentos e condenações, impeditivas da participação em procedimentos de contratação pública.

O art.º 329º prevê a possibilidade de aplicação de sanções contratuais e, a título sancionatório, permite a resolução do contrato. No entanto, a sanção de proibição de participação (por um ano) em futuros procedimentos e que se encontra prevista no art.º 464º-A, é da competência do IMPIC, ao qual os contraentes públicos devem comunicar a aplicação de sanções com o valor máximo previsto no art.º 329º e as resoluções sancionatórias.

A sanção de proibição de participação prevista no art.º 464º-A do CCP pode ser aplicada às entidades que se encontrem em qualquer uma das seguintes situações:

- Incumprimento contratual que tenha dado origem, nos três últimos anos, à aplicação de sanções que tenham atingido os valores máximos aplicáveis nos termos dos nº 2 e 3 do art.º 329º;
- Incumprimento contratual que tenha sido objeto de duas resoluções sancionatórias nos três últimos anos com fundamento na alínea a) do

n.º 1 do art.º 333.º, em qualquer das situações das alíneas b) a g) do n.º 1 do artigo 405º e as constantes do artigo 423º.

Os contraentes públicos devem comunicar ao IMPIC no prazo de 10 dias a contar da sua ocorrência, as situações de incumprimento, competindo a este a aplicação da sanção referida no art.º 464º-A, que será objeto de publicitação no portal dos contratos públicos.

O IMPIC pode ainda desenvolver um processo de contraordenação, ao abrigo do art.º 460º, que também poderá culminar na proibição de participação em procedimentos pré-contratuais.

As sanções da competência do IMPIC são publicitadas no portal dos contratos públicos e, caso o infrator apresente proposta em algum procedimento pré-contratual estando impedido de o fazer, incorre em crime de desobediência.

No entanto, existe ainda uma possibilidade eventualmente mais dissuasora de incumprimentos culposos, por não depender de processos de contraordenação. Trata-se do previsto na alínea l) do nº 1 do art.º 55º e que impede a apresentação de candidatura ou proposta por entidades que:

> *Tenham acusado deficiências significativas ou persistentes na execução de, pelo menos, um contrato público anterior nos últimos três anos, tendo tal facto conduzido à resolução desse contrato por incumprimento, ao pagamento de indemnização resultante de incumprimento, à aplicação de sanções que tenham atingido os valores máximos aplicáveis nos termos dos n.º 2 e 3 do artigo 329º, ou a outras sanções equivalentes.*

Neste caso, a entidade pública pode, sem necessidade de intervenção do IMPIC, rejeitar a candidatura ou proposta apresentada por quem se apresente nalguma das situações descritas na alínea l) do nº 1 do art.º 55º, podendo o incumprimento não ter ocorrido consigo mas com outra entidade pública, desde que dele tenha conhecimento.

Existe a possibilidade dos impedimentos serem relevados, nos termos do art.º 55º-A. O candidato ou concorrente pode comprovar que tomou medidas suficientes e adequadas à recuperação da sua idoneidade, quando se encontre numa das situações referidas nas alíneas b), c), g), h) ou l) do art.º 55º-A, ficando ao critério da entidade adjudicante a decisão de relevar ou não o impedimento. Tendo por base os elementos referidos no nº 2 deste artigo, assim como a gravidade e as circunstâncias específicas da infração, a entidade adjudicante pode decidir não relevar o impedimento (nº 3 do art.º 55º-A).

As sanções de proibição de participação em procedimentos pré-contratuais transitadas em julgado, não são passíveis de relevação ao abrigo do regime previsto no artigo 55º-A, nos termos do seu nº 4.

As entidades públicas não podem, salvo nos casos de impedimentos legalmente previstos e já referidos, excluir concorrentes a procedimentos pré-contratuais com publicitação com base numa má avaliação, mas podem utilizar um sistema de avaliação objetiva para não convidarem fornecedores com má reputação nos procedimentos por convite, como o ajuste direto e a consulta prévia.

A avaliação de fornecedores, na ótica do fornecimento e gestão contratual, assume assim um maior relevo no âmbito da contratação pública, pelas consequências que dela poderão decorrer nos termos do CCP e para fundamentar a aplicação de sanções por incumprimento contratual.

8.2. A proposta

A proposta, como definido no nº 1 do art.º 56º, "é a declaração pela qual o concorrente manifesta à entidade adjudicante a sua vontade de contratar e o modo pelo qual se dispõe a fazê-lo".

A proposta é, assim, uma manifestação de vontade documentada, composta por caraterísticas e elementos designados por atributos da proposta, relativos a aspetos de execução do contrato submetidos à concorrência através do caderno de encargos ou convite.

Distingue-se da candidatura, composta pelos documentos destinados à qualificação dos candidatos, apresentada por quem pretende qualificar-se para um procedimento de formação de contratos e pela qual pretende demonstrar a sua capacidade técnica ou financeira para apresentar proposta (cf. art.º 168º).

Distingue-se igualmente da solução, sendo esta uma resposta documentada às necessidades e exigências que a entidade adjudicante apresentou na memória descritiva para, em fase posterior, ser elaborada uma proposta (cf. art.º 209º).

A proposta pode distinguir-se entre proposta base e proposta variante[137]. A proposta base corresponde à manifestação de vontade do concorrente

[137] No CCP encontramos a designação "proposta base" no art.º 59º.

que responde, integralmente e sem alternativas, ao exigido no caderno de encargos (cf. nº 4 do art.º 59º).

Já a proposta variante (nº 1 do art.º 59º), é a manifestação de vontade do concorrente cujos respetivos atributos apresentam condições alternativas às exigências expressas no caderno de encargos.

A apresentação de propostas variantes é sempre admissível, salvo quando o programa do procedimento expressamente o proibir (nº 2 do art.º 59º). A apresentação de propostas variantes implica sempre a apresentação da proposta base e a exclusão desta implica a exclusão das propostas variantes apresentadas pelo mesmo concorrente.

Nos termos do art.º 57º, a proposta é constituída pelos seguintes documentos:

- Declaração de acordo com o modelo do anexo I do CCP, pela qual o concorrente declara sob compromisso de honra, nomeadamente não estar ao abrigo de qualquer impedimento previsto no nº 1 do art.º 55º.
- Documentos que contenham os atributos da proposta de acordo com os quais o concorrente se dispõe a contratar, incluindo documentos que o concorrente considere indispensáveis para completar os atributos da proposta ou para melhor compreensão da mesma;
- Documentos exigidos pelo programa do procedimento ou convite que contenham os termos ou condições, aos quais a entidade adjudicante pretende que o concorrente se vincule.

Caso se trate de procedimento de formação de contrato de empreitada ou de concessão de obras públicas, a proposta deve ainda ser constituída por:

- Lista dos preços unitários de todas as espécies de trabalho previstas no projeto de execução;
- Plano de trabalhos, tal como definido no art.º 361º, quando o caderno de encargos seja integrado por um projeto de execução;
- Estudo prévio, nos casos previstos no nº 3 do artigo 43º, competindo a elaboração do projeto de execução ao adjudicatário.

Os documentos que constituem a proposta devem ser redigidos em português, podendo o programa do procedimento admitir que alguns dos documentos, que contenham atributos da proposta ou termos ou condições relativas a aspetos da execução do contrato não submetidos à concorrência, possam ser redigidos em língua estrangeira (art.º 58º).

Os preços constantes da proposta são indicados em algarismos e não incluem o IVA (art.º 60)[138]. O CCP não obriga à indicação dos preços por extenso, mas o programa pode exigi-lo, sendo que estes prevalecem em caso de divergência com os indicados em algarismos, assim como prevalecem os preços parciais ou mais decompostos sobre os totais.

As propostas devem ser apresentadas através da plataforma eletrónica utilizada pela entidade adjudicante (nº1 do art.º 62º). Poderá, eventualmente, ser utilizado outro meio eletrónico de transmissão eletrónica no caso de ajuste direto ou consulta prévia (alínea g) do nº 1 do art.º 115º), como o correio eletrónico, mas a regra é a utilização de plataforma eletrónica. Os princípios e regras gerais a que devem obedecer as comunicações, trocas e arquivo de dados e informações ao abrigo das plataformas eletrónicas de contratação pública, encontram-se previstos na Lei nº 96/2015, de 17 de agosto.

A data e hora limite para apresentação da proposta (ou candidatura ou solução, se for o caso) na plataforma eletrónica, é fixada pela entidade adjudicante nas peças do procedimento. Deve a plataforma eletrónica operacionalizar um sistema de aviso de receção eletrónica que comprove o sucesso na submissão dos documentos que constituem a proposta, bem como a data e hora dessa submissão, nos termos do art.º 65º da Lei nº 96/2015, de 17 de agosto.

A entidade contratante tem liberdade para definir os prazos de entrega de propostas, respeitando os prazos mínimos definidos no CCP. O prazo definido deve ter em consideração a complexidade, natureza e características das prestações objeto do contrato a celebrar (art.º 63º), de forma a permitir a elaboração e entrega de propostas com respeito pelos princípios da imparcialidade e igualdade de tratamento. O prazo para entrega de propostas, como previsto no art.º 64º, pode ser prorrogado a pedido fundamentado de qualquer interessado que tenha adquirido as peças do procedimento, beneficiando todos os demais interessados caso seja deferido.

A proposta tem que ser mantida, caso o programa ou convite do procedimento não prevejam prazo superior, por um mínimo de 66 dias úteis a contar da data do termo do prazo fixado para a apresentação das propostas

[138] Em coerência com a regra prevista no art.º 473º.

(art.º 65º), tratando-se de um mecanismo de defesa dos concorrentes, que não ficam assim vinculados às condições propostas para além de um prazo razoável.

8.2.1. Documento Europeu Único de Contratação Pública – DEUCP

Na alínea a) do nº 1 do art.º 57º e como referido no capítulo relativo à proposta, encontra-se previsto a obrigatoriedade da proposta ser acompanhada de uma declaração conforme o modelo do anexo I do CCP, pela qual o concorrente declara sob compromisso de honra, nomeadamente não estar ao abrigo de qualquer impedimento previsto no nº 1 do art.º 55º.

Esta declaração é uma forma de reduzir a carga e os custos burocráticos dos concorrentes a procedimentos de formação de contratos públicos, que se limitam assim a apresentar uma declaração na fase de apresentação de propostas, ficando apenas o adjudicatário obrigado a apresentar os documentos de habilitação, tais como licenças ou comprovativos.

A Comissão Europeia tomou como bom este mecanismo, tendo previsto no Regulamento de Execução (EU)2067/7 da Comissão, de 5 de janeiro de 2016, a obrigatoriedade de utilização de um formulário-tipo com a mesma função, para procedimentos de formação de contratos públicos que excedam os limiares comunitários, designado por Documento Europeu Único de Contratação Pública, ou DEUCP, ao qual é feita menção no nº 6 do art.º 58, para procedimentos com publicação de anúncio no JOUE[139]. Para os procedimentos de valor abaixo do limiar comunitário, mantém-se a utilização do modelo previsto no anexo I do CCP.

O DEUCP é um documento pelo qual o próprio concorrente declara possuir situação financeira e capacidade para participar num determinado procedimento de contratação pública.

Este documento encontra-se disponível em todas as línguas da União Europeia e a sua utilização serve de comprovativo prévio do cumprimento das condições exigidas nos procedimentos de contratação pública, em qualquer país da União Europeia. Os concorrentes ficam, desta forma, dispensados da apresentação de toda a documentação comprovativa do cumprimento das condições, reduzindo os custos de participação em procedimentos pré contratuais.

[139] Pode ser encontrado no portal da Comissão Europeia, ou em https://ec.europa.eu/growth/tools-databases/espd/filter?lang=pt

O DEUCP permite assim aos concorrentes em procedimentos de contração pública com publicação obrigatória no JOEU, comprovar que não se encontram numa situação que dê origem à sua exclusão do procedimento e que preenchem os critérios de seleção. Só o adjudicatário tem a obrigação de apresentar os documentos e certificados exigidos como prova pelas entidades adjudicantes[140].

[140] Princípio "winner-only", sem prejuízo da entidade adjudicante poder solicitar aos concorrentes a apresentação de documentos comprovativos, para garantir o bom desenrolar do procedimento.

Capítulo 9
Análise das propostas

Decorrido o prazo para entrega de propostas inicia-se a fase de análise e avaliação das mesmas. É a fase em que o júri procede à verificação dos requisitos de acesso dos concorrentes ou das candidaturas e conformidade das propostas com as peças do procedimento, apreciando seguidamente o seu mérito.

Na análise das propostas, deve numa primeira fase verificar se estas se encontram em alguma das situações que determine a sua exclusão (art.º 70º e art.º 146º). As propostas que passem por este primeiro crivo serão então alvo da aplicação do ou dos critérios de adjudicação, pela valorização dos atributos das propostas. Pode o júri solicitar os esclarecimentos que tenha por conveniente, esclarecimentos esses que não podem alterar ou completar os atributos da proposta nem contrariar os documentos que a compõe, sob pena da violação do princípio da imutabilidade ou intangibilidade das propostas (nº 2 do art.º 72º)[141].

Nos termos do nº 1 do art.º 70, "as propostas são analisadas em todos os seus atributos, representados pelos fatores e subfatores que densificam o critério de adjudicação, e termos e condições". O júri tem assim que avaliar quer o conteúdo das propostas, quer o cumprimento dos requisitos e formalidades exigidos legalmente ou nas peças do procedimento.

[141] Cf. Acórdão do Tribunal Central Administrativo Sul de 11/03/ 2010 (processo nº 5878/2010); acórdão do Tribunal de Contas nº 18/2015, de 1 de dezembro (processo nº 1783/2015).

O júri terá que:

- Examinar os documentos que compõem as propostas, confrontando-as com o exigido na lei e no programa ou convite, propondo a exclusão das que se encontrem em alguma das situações previstas no nº 2 do art.º 70º;
- Avaliar o mérito das propostas admitidas, aplicando o modelo de avaliação definido no programa ou convite do procedimento;
- Ordenar as propostas de acordo com a pontuação atribuída a cada fator e subfator.

9.1. Exclusão de propostas

A competência para decidir sobre a exclusão de propostas é do órgão competente para a decisão de contratar, pelo que o júri tem o papel instrumental de proceder à análise das propostas e, no relatório preliminar (nº 2 do art.º 122º; nº 2 do art.º 146º), propor de forma fundamentada a exclusão das propostas que não cumpram os requisitos materiais ou formais exigidos por lei ou nas peças do procedimento. Trata-se de um dever do júri propor a exclusão, não se tratando de um poder discricionário.

O nº 2 do art.º 70 estipula a exclusão das propostas por motivos materiais:

> *a) Que não apresentem algum dos atributos ou algum dos termos ou condições, nos termos, respetivamente, do disposto nas alíneas b) e c) do n.º 1 do artigo 57º;*
>
> *b) Que apresentam atributos que violem os parâmetros base fixados no caderno de encargos ou que apresentem quaisquer termos ou condições que violem aspetos da execução do contrato a celebrar por aquele não submetidos à concorrência, sem prejuízo do disposto nos n.º 4 a 6 e 8 a 11 do artigo 49º;*
>
> *c) A impossibilidade de avaliação das mesmas em virtude da forma de apresentação de algum dos respetivos atributos;*
>
> *d) Que o preço contratual seria superior ao preço base;*
>
> *e) Um preço ou custo anormalmente baixo, cujos esclarecimentos justificativos não tenham sido apresentados ou não tenham sido considerados nos termos do disposto no artigo seguinte;*
>
> *f) Que o contrato a celebrar implicaria a violação de quaisquer vinculações legais ou regulamentares aplicáveis*[142]*;*

[142] Cf. Acórdão do STA de 16 de dezembro de 2015 (processo nº 14047/2015). O incumprimento de obrigações laborais ou encargos sociais obrigatórios inferiores aos valores mínimos previstos em convenção coletiva de trabalho, é fundamento para a exclusão de propostas ao abrigo da alínea f) do nº 2 do art.º 70º.

g) A existência de fortes indícios de atos, acordos, práticas ou informações suscetíveis de falsear as regras de concorrência.

Relativamente à alínea b) do nº 2 do art.º 70º, o Tribunal de Contas tem entendido que a existência de divergências entre o exigido no caderno de encargos e o apresentado na proposta não constitui fundamento de exclusão dessa proposta, se esta não apresentar atributos que violem os parâmetros base fixados naquele caderno de encargos e o concorrente demostrar, de forma suficiente e adequada, que as soluções que propõe satisfazem, de modo equivalente, as exigências definidas no caderno de encargos[143].

Para além dos motivos de exclusão previstos no art.º 70, há que considerar outros previstos no CCP:

- Em sede de negociação, alteração dos atributos iniciais da proposta que alterem aspetos da execução do contrato que a entidade adjudicante tenha indicado não estar disposta a negociar (nº 2 do art.º 122º, por violação do nº 1 do art.º 121º);
- A mesma situação referida no ponto anterior, por remissão do art.º 152º para o nº 1 do art.º 121º, quando no concurso público seja prevista uma fase de negociação de propostas;
- No concurso público com fase de negociação de propostas, há lugar à exclusão das versões finais das propostas cuja pontuação global seja inferior à das respetivas versões iniciais (nº 3 do art.º 152º);
- Por revogação, invalidade, ineficácia ou extinção da declaração bancária prevista no nº 3 do art.º 179º (nº 1 do art.º 180º);
- Exclusões de soluções no âmbito de procedimento por diálogo concorrencial (nº 2 do art.º 212º);
- Exclusão de trabalhos de conceção no âmbito de procedimento por concurso de conceção (nº 2 do art.º 219º-F).

O júri deverá propor no relatório preliminar, a exclusão das propostas que se encontrem em alguma das situações acima descritas. No entanto, pode ainda propor a exclusão de propostas em sede de relatório final (art.º 124º e art.º 148º), se verificar nessa fase a ocorrência de algum dos motivos formais previsto no nº 2 do art.º 146º:

143 Cf. Acórdão do Tribunal de Contas nº 20/2010, de 6 de julho (processo nº 10/2010).

a) Que tenham sido apresentadas depois do termo fixado para a sua apresentação;

b) Que sejam apresentadas por concorrentes em violação do disposto no nº 2 do artigo 54º;

c) Que sejam apresentadas por concorrentes relativamente aos quais ou, no caso de agrupamentos concorrentes, relativamente a qualquer dos seus membros, a entidade adjudicante tenha conhecimento que se verifica alguma das situações previstas no artigo 55º;

d) Que não sejam constituídas por todos os documentos exigidos nos termos do disposto no nº 1 do artigo 57º;

e) Que não cumpram o disposto nos nº 4 e 5 do artigo 57º ou nos nº 1 e 2 do artigo 58º;

f) Que sejam apresentadas como variantes quando estas não sejam admitidas pelo programa do concurso, ou em número superior ao número máximo por ele admitido;

g) Que sejam apresentadas como variantes quando não seja apresentada a proposta base;

h) Que sejam apresentadas como variantes quando seja proposta a exclusão da respetiva proposta base;

i) Que violem o disposto no nº 7 do artigo 59º;

j) (Revogada.)

l) Que não observem as formalidades do modo de apresentação das propostas fixadas nos termos do disposto no artigo 62º;

m) Que sejam constituídas por documentos falsos ou nas quais os concorrentes prestem culposamente falsas declarações;

n) Que sejam apresentadas por concorrentes em violação do disposto nas regras referidas no nº 4 do artigo 132º, desde que o programa do concurso assim o preveja expressamente;

o) Cuja análise revele alguma das situações previstas no nº 2 do artigo 70º.

Caso o júri proponha a exclusão de alguma proposta no relatório final, haverá lugar a nova audiência prévia.

9.1.1. Preço anormalmente baixo

Encontra-se prevista na alínea e) do nº 2 do art.º 70, a exclusão das propostas que apresentem um preço ou custo anormalmente baixo, sem qualquer justificação plausível. O conceito de preço ou custo anormalmente baixo encontra-se previsto no art.º 71. É atribuída à entidade adjudicante a possibilidade de definir no programa ou convite do procedimento em que circunstâncias entenderá estar perante preço ou custo anormalmente baixo, estabelecendo os critérios para essa classificação, nomeadamente através da sua comparação com a média de preços das restantes propostas apresentadas (nº 1 do art.º 71º).

Este regime visa evitar práticas anti concorrenciais através da utilização de preços abaixo do custo de produção dos bens, serviços ou empreitadas[144]. A fixação e os critérios do preço ou custo anormalmente baixo carecem de fundamentação por parte da entidade adjudicante (nº 2 do art.º 71º), não se tratando assim de um mecanismo automático. A fixação e os critérios do preço ou custo anormalmente baixo carecem de fundamentação por parte da entidade adjudicante (nº 2 do art.º 71º), não se tratando assim de um mecanismo automático. É necessário que a entidade adjudicante defina expressamente quando considerará o preço ou custo anormalmente baixo, fundamentando esse valor nomeadamente através dos preços médios obtidos em sede de consulta preliminar ao mercado.

Este regime visa proteger a concorrência, mas também a inovação e a eficiência dos operadores económicos, pelo que não basta a definição fundamentada de um valor a partir do qual se considera um preço ou custo anormalmente baixo[145]. A entidade adjudicante que tenha definido esse valor, se confrontada com um preço ou custo proposto que considere anormalmente baixo, tem que solicitar esclarecimentos por escrito ao respetivo concorrente, relativos aos elementos constitutivos da proposta que tenham relevância para a definição do preço apresentado (nº 3 do art.º 71º).

O nº 4 do art.º 71º elenca alguns dos argumentos que o concorrente pode apresentar para justificar um preço ou custo anormalmente baixo, no entanto este pode invocar os fundamentos que entender. O Tribunal de Contas, na sua jurisprudência, tem entendido que:

> *"(...)se, apesar do limiar estabelecido pela entidade adjudicante para os preços anormalmente baixos, as respectivas justificações forem consideradas aceitáveis e as correspondentes propostas forem admitidas, a sua valoração não poderá deixar de atender, de modo irrestrito, à vantagem económica do preço apresentado*[146]*."*

[144] Prática designada por *dumping*, que consiste na venda de produtos ou serviços abaixo do seu valor justo ou de produção, com o intuito de destruir a concorrência.

[145] Cf. Acórdão do Tribunal de Contas nº 1/2014, de 14 de janeiro (processo nº 1608/2013).

[146] Acórdão do Tribunal de Contas nº 22/2014, de 2 de dezembro (recurso ordinário nº6/2014-R).

Apenas e só se os esclarecimentos não tenham sido apresentados dentro do prazo definido pela entidade adjudicante ou, sendo apresentados, não sejam por esta atendíveis, é que haverá lugar à exclusão da proposta nos termos da alínea e) do nº 2 do art.º 70. Neste caso, a entidade adjudicante é obrigada a comunicar à Autoridade de Segurança Alimentar e Económica a exclusão, assim como é obrigada a comunicar qualquer indício de prática restritiva da concorrência, mesmo que não origine a exclusão de propostas (nº 4 do art.º 70º).

9.2. Esclarecimentos e suprimento de propostas e candidaturas

O art.º 72º prevê a possibilidade do júri solicitar esclarecimentos aos concorrentes, relativamente a aspetos das respetivas propostas, que considere pertinentes para análise e avaliação das mesmas.

Os esclarecimentos prestados integram as propostas e não poderão contrariar elementos das mesmas nem alterar ou completar os seus atributos. Não poderão ser utilizados para suprir omissões que justifiquem a exclusão de propostas, nos termos da alínea a) do nº 2 do art.º 70º.

Estamos perante o princípio da imutabilidade ou intangibilidade das propostas, o qual impede que, depois de apresentadas, sejam objeto de alterações ou correções posteriores, pelo que o pedido de esclarecimentos apenas é legítimo quando for indispensável à compreensão ou análise dos elementos documentais já apresentados, não podendo ser utilizado, por exemplo, para a junção de documentos que deviam inicialmente instruir a proposta sobre o qual incidem[147].

O júri deve ainda, nos termos do nº 3 do art.º 72º, solicitar aos concorrentes que no prazo máximo de 5 dias, procedam ao suprimento de irregularidades nas respetivas propostas resultantes da preterição de formalidades não essenciais, incluindo a apresentação de documentos que comprovem factos e aspetos anteriores à data de apresentação da proposta, cumprindo-se assim o princípio da imutabilidade das propostas.

Levantar-se-á a questão de saber o que se poderá considerar irregularidades resultantes da preterição de formalidades não essenciais. O Tribunal de Contas tem entendido que, por exemplo, a falta de indicação de um preço relativo a um bem ou atividade, numa lista de preços unitários, pode ser alvo de suprimento desde que não contrarie os elementos constantes

[147] Cf. Acórdão do STA de 20 de fevereiro de 2012 (processo nº 1166/11).

dos documentos que integram a proposta, não a altere nem complete os respetivos atributos[148].

O júri pode ainda retificar oficiosamente erros de escrita ou cálculos contidos nas propostas ou candidaturas, desde que seja manifesto o erro e os termos em que o mesmo deve ser corrigido.

Os pedidos do júri e respostas dos concorrentes, devem constar em ata e ser disponibilizados na plataforma eletrónica utilizada pela entidade adjudicante, devendo ainda todos os candidatos e concorrentes ser notificados dessa divulgação.

9.3. Relatório preliminar e audiência prévia

De acordo com o tipo de procedimento para formação de contratos, o júri é responsável pela elaboração de um relatório preliminar fundamentado. Propõe ainda a ordenação das propostas de acordo com a aplicação do critério de adjudicação, bem como propõe a exclusão das que considere não cumprirem os requisitos de admissibilidade (art.º 122º; art.º 146º, assim como art.º 184º relativamente à fase de qualificação no concurso limitado por prévia qualificação e art.º 212º relativamente ao diálogo concorrencial)[149].

O relatório preliminar é assim o instrumento pelo qual o júri:

- Fundamenta a exclusão de propostas, se a ela houver lugar;
- Expressa os esclarecimentos prestados pelos concorrentes;
- Avalia e propõe a ordenação das propostas.

Caso se trate de concurso público que preveja a realização de negociação aberta a todos os concorrentes, no relatório preliminar não deve ser aplicado o critério de adjudicação, nem feita a ordenação de propostas (nº 5 do art.º 146º), isto porque haverá lugar a um segundo relatório preliminar após a análise das versões finais das propostas (art.º 152º). Neste caso o primeiro relatório preliminar apenas incluirá a exclusão fundamentada de propostas e os esclarecimentos prestados.

O relatório final deve integrar as pontuações obtidas pela valoração dos coeficientes de ponderação dos fatores e subfatores e por escalas de

148 Cf. Decisão do Tribunal de Contas nº 04/2010 (processo nº 4/2010).

149 Ver capítulo 6, dedicado à tramitação processual de cada tipo de procedimento.

pontuação dos mesmos, definidos no modelo de avaliação, de modo a que as mesmas sejam ordenadas para efeitos de adjudicação.

As pontuações atribuídas e a ordenação das propostas deve ser fundamentada de forma a que seja percetível pelos interessados como e porquê foram atribuídas as pontuações, ou seja, tem que permitir reconstruir e compreender o raciocínio valorativo do júri, não podendo o relatório fazer apenas menção genérica dos aspetos tidos em consideração na avaliação dos fatores e subfatores e a respetiva pontuação.

Sendo indispensável que o relatório explicite, de forma adequada e suficiente, os motivos concretos que contribuíram para a pontuação dos atributos das propostas e que permitiram a diferenciação das mesmas, considera-se fundamentada adequadamente a avaliação feita através da valoração obtida pelas propostas, nos vários itens de uma grelha classificativa suficientemente densa, em que a operação de subsunção das propostas aos fatores e subfatores a essa grelha esclarecem a ponderação que lhes foi atribuída, não necessitando assim de explicações complementares[150].

O relatório preliminar, como todas as decisões do júri, é aprovado por maioria, não sendo admissível a abstenção. Deverá ser assinado por todos os membros do júri presentes e, caso exista voto de vencido, deve constar em ata os seus fundamentos[151].

O relatório preliminar é enviado a todos os concorrentes para efeitos de audiência prévia, devendo ainda ser publicitado na plataforma eletrónica utilizada pela entidade adjudicante.

Há lugar a audiência prévia quando estamos perante:

- O relatório preliminar sobre avaliação de propostas (art.º 123º e art.º 147º);
- O relatório preliminar relativo à avaliação de candidaturas (art.º 185º);
- Relatório preliminar relativo à admissão e exclusão de soluções (art.º 212º).

No caso do procedimento adotado ser o concurso público urgente, não há lugar a relatório preliminar nem a audiência prévia (nº 2 do art.º 156º), o

[150] Cf. Acórdão do STA nº 2/2014 (processo nº 1790/13).

[151] Ver capítulo relativo ao júri.

que vem ao encontro do previsto na alínea a) do nº 1 do art.º 124º do CPA, que elenca os motivos justificativos para a não realização de audiência prévia.

A audiência prévia é uma garantia dos concorrentes e candidatos a procedimentos de formação de contratos e resulta do direito de participação dos interessados, previsto no art.º 268º da Constituição da República Portuguesa e consubstanciado no direito de audiência prévia previsto no art.º 121º do CPA.

Os concorrentes têm um prazo para se pronunciarem sobre o relatório preliminar, prazo esse não que não pode ser inferior a três dias no caso do procedimento por consulta prévia, ou a cinco dias nos restantes procedimentos, tendo direito de acesso às versões finais das propostas dos restantes concorrentes, às atas das sessões de negociação e a todas as informações e comunicações escritas trocadas entre júri e concorrentes (nº 2 do art.º 123º)[152].

Tratando-se de prazos mínimos, será aconselhável a definição de prazos superiores para os concorrentes se pronunciarem sempre que se esteja perante procedimentos para formação de contratos complexos, até porque a realização da audiência prévia suspende a contagem dos prazos, como previsto no nº 3 do art.º 121º do CPA, o que poderá ser relevante para efeitos do prazo de manutenção de propostas (cf. o nº 2 do art.º 76º).

9.4. Relatório final

Cumprido o direito de audiência prévia, o júri deve apreciar todas as observações apresentadas pelos concorrentes e deliberar sobre o seu mérito.

Sendo apresentadas observações em sede de audiência prévia e após a sua avaliação, o júri pode:

1. Manter inalteradas as premissas e as suas conclusões expressas no relatório preliminar.
2. Alterar ou clarificar as premissas e fundamentação, mantendo as conclusões expressas no relatório preliminar.
3. Alterar a fundamentação e as conclusões expressas no relatório preliminar.

[152] No âmbito do CCP os prazos contam-se nos termos do art.º 87º do CPA, por remissão expressa do art.º 470º CCP, suspendendo-se nos fins de semana e feriados.

Na primeira situação, o júri deve fundamentar as conclusões expressas no relatório preliminar e explicar os motivos que o levam a não atender às observações apresentadas em sede de audiência prévia, remetendo o relatório final e demais documentação do procedimento para a entidade competente para a decisão de contratar.

No segundo caso, o júri deve identificar e justificar os pressupostos que entendeu alterar no relatório preliminar, fundamentando o ou os motivos pelos quais tais alterações não têm impacto na admissão ou exclusão de propostas, nem promovem uma alteração na ordenação das propostas admitidas, remetendo o relatório final e demais documentação para o órgão competente para a decisão de contratar.

Na última hipótese, havendo alteração relativamente à admissão ou exclusão de propostas ou na ordenação das mesmas, há lugar a uma segunda audiência prévia, repetindo-se o processo até elaboração do relatório final.

Caso não existam observações, o júri pode limitar-se a conformar o relatório preliminar em final, remetendo-o ao órgão competente para a decisão de contratar.

Atenda-se ao facto de, quer o nº 2 do art.º 124º, quer o nº 2 do art.º 148, apenas preverem a realização de uma segunda audiência prévia caso ocorra uma exclusão de propostas, ou alteração da ordenação das mesmas.

Apesar do CCP não referir expressamente a obrigatoriedade de realização de uma segunda audiência prévia caso seja admitida uma proposta inicialmente excluída, na realidade esta terá obrigatoriamente que ser realizada. Isto porque a admissão de uma ou mais propostas nesta fase, implica necessariamente a alteração da ordenação inicial de propostas.

Existe ainda um aspeto a considerar, já que o nº 2 do art.º 124º estipula que a segunda audiência prévia é restrita aos concorrentes interessados, enquanto o nº 2 do art.º 148 (ou o nº 2 do art.º 186º, na fase de qualificação) não faz essa ressalva, pelo que, no caso da consulta prévia, apenas os concorrentes cujas propostas foram agora excluídas ou viram a ordenação alterada, serão abrangidos pela segunda audiência prévia, enquanto que nos restantes procedimentos todos os concorrentes ou candidatos serão abrangidos pela segunda audiência prévia, mesmo que tenham visto as suas propostas excluídas no relatório preliminar objeto da primeira. Isto resulta, de certa forma, num contrassenso, já que o objeto da segunda audiência prévia não corresponde ao objeto da primeira, mas sim a um objeto mais restrito que fundamentou a necessidade da sua realização.

Capítulo 10
Causas de não adjudicação

O CCP não prevê a possibilidade de revogação da decisão de contratar antes da apresentação de propostas, ou mesmo da apresentação por parte de terceiros de meras manifestações de interesse, como poderá ser entendida, por exemplo, a solicitação de esclarecimentos.

No caso de desistência do procedimento, por qualquer motivo, prévia à apresentação de propostas, não estamos perante direitos ou expetativas legítimas de terceiros nem é beliscado o princípio da confiança, salvaguardados pelo art.º 79º, o qual prevê os motivos de não adjudicação e as respetivas consequências. A existir a desistência do procedimento numa fase inicial do mesmo, mesmo que publicitado mas sem que tenha ocorrido a apresentação de propostas, ocorre a revogação da decisão nos termos gerais do art.º 165º do CPA.

No entanto, pode ocorrer a não adjudicação do procedimento com a extinção do mesmo, nas situações elencadas no nº 1 do art.º 79º, resultando na revogação da decisão de contratar (por remissão para o art.º 80º e sem prejuízo de impugnação por parte dos interessados) conforme art.º 267º e seguintes.

As causas de não adjudicação elencadas no nº 1 do art.º 79º são as seguintes:

a) Nenhum candidato se haja apresentado ou nenhum concorrente haja apresentado proposta;

b) Todas as candidaturas ou todas as propostas tenham sido excluídas;
c) Por circunstâncias imprevistas, seja necessário alterar aspetos fundamentais das peças do procedimento;
d) Circunstâncias supervenientes relativas aos pressupostos da decisão de contratar o justifiquem;
e) Nos casos a que se refere o n.º 5 do artigo 47º, a entidade adjudicante considere, fundamentadamente, que todos os preços apresentados são inaceitáveis;
f) No procedimento de diálogo concorrencial, nenhuma das soluções apresentadas satisfaça as necessidades e as exigências da entidade adjudicante.
g) No procedimento para a celebração de acordo-quadro com várias entidades o número de candidaturas ou propostas apresentadas ou admitidas seja inferior ao número mínimo previsto no programa de concurso.

As situações previstas nas alíneas a) e b) correspondem, na prática, a causas de extinção do procedimento por impossibilidade ou inutilidade superveniente, previsto no art.º 95º do CPA, já que a ocorrerem impossibilitam, na prática, qualquer adjudicação por inexistência de propostas para adjudicar.

Na situação prevista na alínea c) quando, por motivos imprevistos, seja necessário alterar aspetos fundamentais das peças do procedimento, a entidade adjudicante tem que dar início a novo procedimento no prazo máximo de seis meses, a contar da data da notificação aos concorrentes. A entidade adjudicante, ao invocar esta causa para não adjudicar um procedimento, é obrigada a indemnizar os concorrentes cujas propostas tenham sido admitidas, pelas despesas em que comprovadamente incorreram para a sua elaboração.

Outra causa de não adjudicação, prevista na alínea d) do nº 1 do art.º 79º, é a ocorrência de circunstâncias supervenientes relativas aos pressupostos da decisão de contratar. Trata-se, neste caso, de alteração relevante dos motivos que levaram à decisão de contratar, nomeadamente da necessidade a satisfazer, da forma como a mesma seria satisfeita, ou dos recursos necessários à sua satisfação. Tal como na causa prevista na alínea c), também neste caso a entidade adjudicante é obrigada a indemnizar os concorrentes pelas despesas na elaboração das respetivas propostas.

A causa prevista na alínea e) resulta numa válvula de segurança para a entidade adjudicante nas situações excecionais em que seja admissível não definir preço base, como previsto no nº 5 do art.º 47º.

Na situação prevista na alínea f), é causa de não adjudicação quando nenhuma das soluções propostas em sede de diálogo concorrencial seja considerada adequada a satisfazer as necessidades da entidade adjudicante. O diálogo concorrencial visa dar resposta a situações de particular complexidade, nomeadamente ao nível da definição de especificações técnicas pelo que, perante a ausência de uma solução que satisfaça as necessidades da entidade adjudicante, esta pode invocar esse facto como causa para não adjudicar.

Já a alínea g) prevê como causa de não adjudicação, a existência de propostas ou candidaturas inferiores ao número mínimo previsto no programa do concurso.

A entidade adjudicante tem o dever de fundamentar a decisão de não adjudicação e de notificar de tal facto todos os concorrentes (nº 2 do art.º 79º), exceto nas causas de não adjudicação previstas nas alíneas a) e b) do nº 1 do art.º 79º, em que não existem propostas admitidas.

Capítulo 11
Adjudicação

Concluída a audiência prévia, o júri remete o processo (onde se inclui o relatório final) ao órgão competente para a decisão de contratar, para efeitos de adjudicação.

O órgão competente para a decisão de contratar, que também designamos por adjudicante, deve então proceder à análise do relatório final e tomar uma de três decisões[153]:

- Considera o processo corretamente conduzido e instruído e aprova o relatório final, proferindo a decisão de adjudicar a proposta classificada em primeiro lugar;
- Considera que o processo não está corretamente instruído ou fundamentado, ou que as conclusões do júri não são corretas, pelo que procede à devolução do processo e do relatório final ao júri, para correção;
- Considera o processo corretamente instruído, mas discorda das conclusões do relatório final e altera-as, fundamentando a decisão (podendo eventualmente obrigar a nova audiência prévia, caso se verifiquem alterações na ordenação das propostas).

A "adjudicação" (art.º 73º) é o ato administrativo constitutivo de direitos, pelo qual o órgão competente para a decisão de contratar escolhe uma de

[153] Oliveira & Oliveira, 2011:1003 – 1006.

entre as propostas apresentadas ou aceita a única que tenha sido apresentada ou admitida, determinando dessa forma com quem será celebrado o contrato objeto do procedimento pré-contratual[154].

O ato de adjudicação consubstancia um dever por parte do órgão competente para a decisão de contratar (art.º 76º) e não uma mera prerrogativa deste, à qual tem direito o concorrente cuja proposta ficou classificada em primeiro lugar. Os restantes concorrentes têm direito a serem notificados da adjudicação, nos termos do nº 1 do art.º 76º e nº 1 do art.º 77º, pelo que também perante estes a entidade adjudicante tem o dever de adjudicação, sendo um ato passível de impugnação judicial.

Estando prevista nas peças do procedimento a adjudicação por lotes, poderá existir uma adjudicação para cada lote, não tendo essas decisões de adjudicação ocorrer em simultâneo (nº 2 do art.º 76º)[155].

A adjudicação é um ato praticado por escrito, de acordo com a regra geral prevista no art.º 150º do CPA, mesmo no caso do ajuste direto simplificado (cf. nº 1 do art.º 128º do CCP). A decisão de adjudicação é obrigatoriamente notificada em simultâneo a todos os concorrentes, acompanhada do relatório final de análise das propostas (nº 3 do art.º 77º).

A adjudicação deve ocorrer dentro do prazo da obrigação de manutenção das propostas definido nos termos do art.º 66º, podendo o adjudicatário recusar a adjudicação caso ocorra após esse prazo e exigir uma indeminização pelos encargos que, comprovadamente, tenha suportado para elaboração da respetiva proposta (nº 2 e nº 3 do art.º 76º).

As notificações são realizadas de acordo com a regra geral prevista no art.º 467, ou seja, por correio eletrónico ou outro meio de transmissão escrita e eletrónica de dados.

Em simultâneo com a notificação de adjudicação, a entidade adjudicante deve notificar o adjudicatário para (nº2 do art.º 77º):

- Apresentar os documentos de habilitação;
- Prestar caução, se devida;
- Confirmar os compromissos assumidos por terceiros, relativos a atributos, termos ou condições da proposta adjudicada;

[154] Cf. art.º 148º do CPA.

[155] Ver capítulo 2.2

- Pronunciar-se sobre a minuta do contrato, quando este for reduzido a escrito;
- Confirmar a constituição de sociedade comercial, de acordo com os requisitos exigidos nas peças do procedimento e os termos da proposta adjudicada.

Há ainda lugar à publicação de anúncio da adjudicação, nas situações elencadas no art.º 78º, nomeadamente quando o procedimento tenha sido publicitado através de anúncio publicado no JOUE.

A adjudicação não conclui o procedimento, já que ainda será necessário um conjunto de procedimentos e formalidades até à celebração do contrato e cujo incumprimento pode, ainda, dar origem a alterações ou mesmo à revogação da adjudicação, já para não falar na possibilidade da sua impugnação judicial.

Capítulo 12
Habilitação

Na fase de apresentação de propostas, os concorrentes apenas são obrigados a declarar que se encontram habilitados legal e tecnicamente para execução do contrato, ficando apenas o adjudicatário obrigado à apresentação dos documentos que efetivamente comprovam essas habilitações, solução que evita onerar os concorrentes com despesas desnecessárias[156].

Este mecanismo permite que apenas o adjudicatário tenha o ónus de apresentar o conjunto de documentos que permitirão comprovar a sua aptidão e provar a titularidade das habilitações legais necessárias à execução do contrato. Trata-se de certificar que o adjudicatário cumpre os requisitos e dispõe das necessárias licenças e autorizações para o exercício da atividade objeto do contrato e que não se encontra em nenhuma situação de impedimento à celebração de contratos públicos.

O art.º 81º estipula os documentos necessários à habilitação do adjudicatário e que este deve apresentar:

a) Declaração do anexo II do CCP;
b) Documentos comprovativos de que não se encontra nas situações previstas nas alíneas *b*), *d*), *e*) e h) do nº 1 do artigo 55º:

[156] Apresentação do DEUCP nos procedimentos com publicação no JOUE, ou do anexo I do CCP nos procedimentos sem essa publicação.

i. Tenha sido condenado por sentença transitada em julgado por qualquer crime que afete a sua honorabilidade profissional, no caso de pessoa singular, ou, no caso de pessoa coletiva, quando tenha sido condenado por aqueles crimes a pessoa coletiva ou os titulares dos seus órgãos sociais de administração, direção ou gerência, e estes se encontrem em efetividade de funções, em qualquer dos casos sem que entretanto tenha ocorrido a respetiva reabilitação;
ii. Não tenha a sua situação regularizada relativamente a contribuições para a segurança social em Portugal ou, se for o caso, no Estado de que seja nacional ou no qual se situe o seu estabelecimento principal;
iii. Não tenha a sua situação regularizada relativamente a impostos devidos em Portugal ou, se for o caso, no Estado de que seja nacional ou no qual se situe o seu estabelecimento principal.
iv. Tenham sido condenadas por sentença transitada em julgado por algum dos seguintes crimes, se entretanto não tiver ocorrido a sua reabilitação:
   - Participação numa organização criminosa, na aceção do nº 1 do artigo 2º da Decisão-Quadro 2008/841/JAI do Conselho, de 24 de outubro de 2008;
   - Corrupção;
   - Fraude;
   - Branqueamento de capitais ou financiamento do terrorismo;
   - Infrações terroristas ou infrações relacionadas com um grupo terrorista, ou qualquer infração relacionada com atividades terroristas, incluindo cumplicidade, instigação e tentativa;
   - Trabalho infantil e outras formas de tráfico de seres humanos.

c) A habilitação, nomeadamente a titularidade de alvará e certificado de empreiteiro de obras públicas, cuja forma e modo de apresentação obedecem a regras e modelos definidos por portaria do membro do Governo responsável pela área das obras públicas.

O órgão competente para a decisão de contratar pode solicitar ao adjudicatário a apresentação de quaisquer documentos comprovativos da titularidade das habilitações legalmente exigidas para a execução das prestações objeto do contrato a celebrar, mesmo que tal exigência não conste do programa do procedimento (nº 8 do art.º 81º).

As condições de habilitação não se podem confundir com requisitos técnicos ou financeiros, utilizados na qualificação de candidatos nos procedimentos de formação de contratos que prevejam essa fase, como é o caso do concurso limitado por prévia qualificação. A habilitação é limitada ao adjudicatário e visa confirmar a titularidade das habilitações legais, académicas ou técnicas para exercício da atividade, enquanto na fase de qualificação o objetivo é garantir que os concorrentes admitidos dispõem de condições económicas ou técnicas adequadas ao contrato a celebrar.

As regras e os termos de apresentação dos documentos de habilitação do adjudicatário, no âmbito de procedimentos de formação de contratos públicos, encontram-se definidos na Portaria nº 372/2017, de 14 de dezembro.

Relativamente a contratos de locação ou aquisição de bens móveis e de aquisição de serviços, a Portaria nº 372/2017, de 14 de dezembro, estabelece o seguinte no seu art.º 2º:

1. *Para além dos documentos de habilitação previstos no n. 1 do artigo 81.º do CCP, no caso de se tratar de um procedimento de formação de um contrato de locação ou aquisição de bens móveis e de aquisição de serviços, o adjudicatário deve ainda apresentar os documentos de habilitação que o convite ou o programa do procedimento exija, nomeadamente, no caso de se tratar de um contrato de aquisição de serviços, quaisquer documentos comprovativos da titularidade das habilitações legalmente exigidas para a prestação dos serviços em causa.*
2. *Para efeitos de comprovação das habilitações referidas no número anterior, o adjudicatário pode socorrer-se das habilitações de subcontratados, mediante a apresentação de declaração através da qual estes se comprometam, incondicionalmente, a executar os trabalhos correspondentes às habilitações deles constantes.*
3. *Tratando-se de empresas sem sede e direção efetiva em Portugal, o adjudicatário, para além dos documentos referidos no número anterior, deve também apresentar o respetivo comprovativo de inscrição em lista oficial de fornecedores de bens móveis ou de prestadores de serviços de qualquer Estado signatário do Acordo sobre o Espaço Económico Europeu que revele a titularidade das habilitações adequadas e necessárias à execução das prestações objeto do contrato a celebrar.*

4. *O adjudicatário, ou um subcontratado, nacional de Estado signatário do Acordo sobre o Espaço Económico Europeu ou do Acordo sobre Contratos Públicos da Organização Mundial de Comércio pode ainda apresentar, em substituição dos documentos de habilitação, uma declaração sob compromisso de honra, prestada perante notário, autoridade judiciária ou administrativa ou qualquer outra competente, de que pode executar a prestação objeto do contrato a celebrar no Estado de que é nacional de acordo com as regras nele aplicáveis.*

Tratando-se de contratos de empreitada ou concessão de obras públicas, o art.º 3º da Portaria nº 372/2017, de 14 de dezembro, estabelece o seguinte:

1. *Nos termos previstos no n. 2 do artigo 81.º do CCP, no caso de se tratar de um procedimento de formação de um contrato de empreitada ou de concessão de obras públicas, o adjudicatário deve apresentar documento comprovativo da titularidade de alvará ou certificado de empreiteiro de obras públicas, emitido pelo Instituto dos Mercados Públicos, do Imobiliário e da Construção, I. P. (IMPIC, I. P.), contendo as habilitações adequadas e necessárias à execução da obra a realizar.*
2. *Para efeitos de comprovação das habilitações referidas no número anterior, o adjudicatário pode socorrer-se dos alvarás ou certificados de empreiteiros de obras públicas de subcontratados, mediante a apresentação de declaração através da qual estes se comprometam, incondicionalmente, a executar os trabalhos correspondentes às habilitações deles constantes.*
3. *A titularidade dos alvarás e certificados referidos no número anterior é confirmada pela entidade adjudicante mediante consulta à base de dados de empresas de construção do IMPIC, I. P.*
4. *O adjudicatário, ou um subcontratado, nacional de Estado signatário do Acordo sobre o Espaço Económico Europeu ou do Acordo sobre Contratos Públicos da Organização Mundial de Comércio que não seja titular do alvará ou do certificado referidos nos números anteriores deve apresentar, em substituição desses documentos, uma declaração emitida pelo IMPIC, I. P., comprovativa de que pode executar a prestação objeto do contrato a celebrar por preencher os requisitos que lhe permitiriam ser titular de um alvará ou de um certificado de empreiteiro de obras públicas contendo as habilitações adequadas à execução da obra a realizar.*

5. *Independentemente do objeto do contrato a celebrar, o adjudicatário deve ainda apresentar outros documentos de habilitação que o convite ou o programa do procedimento exija.*
6. *Os documentos a que se refere o número anterior não são exigíveis a concorrentes nacionais de outro Estado signatário do Acordo sobre o Espaço Económico Europeu ou do Acordo sobre Contratos Públicos da Organização Mundial de Comércio, quando nesse Estado aqueles documentos não sejam emitidos, devendo porém ser substituídos por uma declaração sob compromisso de honra, prestada perante notário, autoridade judiciária ou administrativa ou qualquer outra competente, de que os documentos em causa não são emitidos nesse Estado.*
7. *O órgão competente para a decisão de contratar pode sempre solicitar ao adjudicatário, ainda que tal não conste do convite ou do programa do procedimento, a apresentação de quaisquer documentos comprovativos da titularidade das habilitações legalmente exigidas para a execução das prestações objeto do contrato a celebrar, fixando-lhe prazo para o efeito.*

Tratando-se de agrupamento de pessoas singulares ou coletivas, os documentos previstos na Portaria nº 372/2017, de 14 de dezembro, são apresentados por todos os seus membros.

Os documentos devem ser redigidos em língua portuguesa ou acompanhados de tradução legalizada, como previsto no art.º 4º da Portaria nº 372/2017, de 14 de dezembro, e devem ser apresentados através da plataforma eletrónica utilizada pela entidade adjudicante, ou através de correio eletrónico, caso tenha sido esse o meio utilizado para o procedimento de formação do contrato (art.º 5º da mesma Portaria). Este aspeto é relevante na medida em que o art.º 85º do CCP obriga a entidade adjudicante a notificar, em simultâneo, todos os concorrentes da apresentação dos documentos de habilitação pelo adjudicatário, ficando estes disponíveis para consulta na plataforma eletrónica.

Trata-se de uma garantia de transparência, permitindo aos concorrentes vencidos o acompanhamento do processo de formação de contrato mesmo após a adjudicação, quer para efeitos de eventual impugnação administrativa, quer para eventual adjudicação caso a inicial caduque.

No âmbito da simplificação administrativa foi recentemente aprovado o D.L. nº 72/2018, de 12 de setembro, que procede à criação do Portal Nacional de Fornecedores do Estado, no âmbito da contratação pública.

Este Portal tem a finalidade de simplificar e agilizar, mediante o recurso a meios digitais, os procedimentos de verificação e comprovação da inexistência de impedimentos à contratação previstos no CCP. Quando estiver totalmente operacional permitirá confirmar a situação tributária e contributiva dos fornecedores, para efeitos de pagamentos relacionados com contratos públicos. Os fornecedores ficarão dispensados de fazer prova de idoneidade e da regularidade da situação tributária e contributiva perante cada entidade adjudicante.

12.1. Caducidade da adjudicação

Caso o adjudicatário não apresente os documentos de habilitação no prazo fixado no programa do procedimento, ou no prazo estabelecido pela entidade adjudicante, ou estes não se encontrem redigidos em língua portuguesa ou não sejam acompanhados de tradução legalizada, a adjudicação caduca, não sem antes ser concedido um prazo não superior a 5 dias ao adjudicatário, para este se pronunciar (art.º 86º).

A apresentação de documento de habilitação insuficiente, ou seja, que não seja idóneo para comprovar as habilitações exigidas, equivale à falta de apresentação do documento habilitação, concorrendo assim para a caducidade da adjudicação[157].

Caso se verifique a caducidade da adjudicação por algum dos motivos elencados no art.º 86º, deve ser adjudicada a proposta classificada em segundo lugar (nº 4 do art.º 86º)[158].

Também a apresentação de documentos de habilitação falsificados ou a prestação de falsas declarações, determinam a caducidade da adjudicação e a adjudicação da proposta subsequente, sem prejuízo da devida participação criminal (art.º 87º).

A caducidade da adjudicação pode ainda derivar da ocorrência superveniente de circunstâncias que impossibilitem a celebração do contrato, nomeadamente por extinção da entidade adjudicante ou do adjudicatário (art.º 87º-A). Caso as causas da caducidade da adjudicação respeitem ao adjudicatário, deve ser adjudicada a proposta subsequente.

[157] Cf. Acórdão do Tribunal de Contas nº 08/2011, de 22 de fevereiro (proc. nº 1831/2010).

[158] Cf. Acórdão do Tribunal de Contas nº 12/2011, de 15 de junho (recurso ordinário nº 6/2011, relativo ao proc. nº 1831/2010).

Também há lugar à caducidade da adjudicação quando a prestação de caução seja exigida e o adjudicatário não a apresente por facto que lhe seja imputável, no prazo e nos termos previstos (art.º 91º).

O art.º 105º prevê ainda outros fundamentos para a caducidade da adjudicação, quando o adjudicatário falte de forma culposa à outorga do contrato; não o remeta eletronicamente devidamente assinado, no prazo fixado; ou, tratando-se de um agrupamento, os seus membros não se tenham associado na modalidade jurídica prevista no programa do procedimento.

Caso a não outorga do contrato se deva a facto imputável à entidade adjudicante, o adjudicatário pode desvincular-se da proposta ou, em alternativa, exigir judicialmente a celebração do contrato (nº 3 e 4 do art.º 105º).

12.2. A caução

Nos procedimentos de formação de contratos que impliquem o pagamento de um preço pela entidade adjudicante, nos termos do art.º 88º "deve ser exigida ao adjudicatário a prestação de uma caução destinada a garantir a sua celebração, bem como o exato e pontual cumprimento de todas as obrigações legais e contratuais".

A prestação de caução ocorre assim, antes da outorga do contrato e com o objetivo de garantir que o mesmo é celebrado e que o adjudicatário cumpre as obrigações que decorrem do mesmo.

A prestação de caução não é obrigatória em todas as situações, podendo não ser exigida (nº 2 do art.º 88º):

- Quando o preço contratual for inferior a 200.000€;
- Quando se trate de contratos em que o adjudicatário seja uma das entidades referidas nos artigos 2º e 7º do CCP;
- Quando se trate de contratos previstos na alínea c) do nº 1 do art.º 95º.

A estas situações acrescenta-se outra, resultante do nº 1 do art.º 88, quando o contrato não implique o pagamento de um preço pela entidade adjudicante.

Pode ainda não haver lugar à prestação de caução quando o procedimento visa a celebração de um acordo quadro, já que o nº 1 do art.º 254º determina que a "entidade adjudicante pode exigir" a prestação de caução, pelo que estamos perante uma mera faculdade e não uma imposição legal de prestação de caução, dependendo do que a entidade adjudicante preveja no programa do procedimento (cf. alínea o) do nº 1 do art.º 132º, por remissão do nº 1 do art.º 253º).

Caso o programa ou convite do procedimento o prevejam, pode não ser exigida caução quando o adjudicatário apresente (nº 4 do art.º 88º):

- Seguro da execução do contrato a celebrar, emitida por entidade seguradora, que cubra o preço contratual ou;
- Declaração de assunção de responsabilidade solidária com o adjudicatário, que cubra o preço contratual, emitida por entidade bancária que comprove possuir sede ou sucursal em Estado membro da União Europeia.

Nestas situações, estamos perante a substituição da caução por outras formas de garantia do cumprimento das obrigações contratuais.

Quando não seja exigida a prestação de caução, a entidade adjudicante pode prever no caderno de encargos do procedimento pré contratual, a retenção de até 10% do valor dos pagamentos a efetuar (nº 3 do art.º 88).

Tabela 30 – **Dispensa e substituição da caução**

<table>
<tr><th colspan="2">A caução não é obrigatória quando:</th><th colspan="2">A caução pode ser substituída por:</th></tr>
<tr><td>Nº 1 do art.º 88º</td><td>A entidade adjudicante não tenha que pagar um preço pela execução do contrato.</td><td rowspan="2">Nº 3 do art.º 88</td><td rowspan="2">Retenção de até 10% do valor dos pagamentos a efetuar.</td></tr>
<tr><td rowspan="3">Nº 2 do art.º 88º</td><td>Preço contratual inferior a 200.000€.</td></tr>
<tr><td>O adjudicatário seja uma das entidades identificadas nos art.º 2º e 7º.</td><td rowspan="3">Nº 4 do art.º 88</td><td>Seguro da execução do contrato a celebrar, emitida por entidade seguradora.</td></tr>
<tr><td>Contratos previstos na al. c) do nº 1 do art.º 95</td><td rowspan="2">Declaração de assunção de responsabilidade solidária com o adjudicatário, emitida por entidade bancária.</td></tr>
<tr><td>Nº 1 do art.º 254º</td><td>Procedimento para celebração de acordo-quadro.</td></tr>
</table>

12.2.1. Valor e modo de prestação da caução

O valor da caução corresponderá, em regra, a um máximo de 5% do preço contratual, exceto quando o preço total da proposta adjudicada seja considerado anormalmente baixo, caso em que corresponderá a um máximo de 10% do preço contratual (nº 1 e 2 do art.º 89º). O valor da caução, dentro dos limites referidos, deve ser estabelecido de acordo com a complexidade e expressão financeira do contrato, cabendo pois à entidade adjudicante definir no programa ou convite o valor da caução por referência percentual ao preço contratual que venha a ser adjudicado[159].

A caução deve ser prestada através de depósito em dinheiro ou títulos emitidos ou garantidos pelo Estado, ou através de garantia bancária ou seguro-caução (nº 2 do art.º 90º)[160].

No entanto, encontra-se estabelecido que no programa ou convite seja definido o modo de prestação de caução, levantando-se a dúvida se as peças do procedimento podem restringir a apresentação da caução a apenas uma das modalidades previstas no art.º 90º[161].

Considerando que o nº 5 do art.º 90º obriga a que o programa do procedimento contenha os modelos para a prestação da caução de todas as modalidades previstas no nº 2º desse mesmo artigo, entendemos que o adjudicatário tem liberdade de escolher uma de entre essas modalidades, para prestar a caução[162].

O modo de prestação da caução, que deve ser definido no programa do procedimento, em nosso entender corresponderá não à imposição pela entidade adjudicante de uma modalidade específica de entre as previstas legalmente, mas sim à obrigação de fazer referência aos modos de prestação que se encontram tipificados taxativamente no art.º 90º, cabendo ao adjudicatário optar por um deles. Deve igualmente ser feita menção ao regime de liberação da caução, o qual deverá constar do contrato a celebrar.[163].

A caução deve ser prestada no prazo de 10 dias a contar da notificação de adjudicação (nº 1 do art.º 90º), sendo que esta notificação ao adjudicatário será acompanhada de notificação para prestar caução, com indicação expressa do valor da mesma (alínea b) do nº 2 do art.º 77º). Todas as despesas

[159] O CCP, antes das alterações introduzidas pelo D.L. nº 111º-B, de 31 de agosto, estipulava taxativamente um valor de 5% para a caução, ou de 10% em caso de preço anormalmente baixo.

[160] Cf. Acórdão nº 50/2011, de 21 de junho (processo nº 1814/2010). Não é admissível outra forma de prestação de caução que não uma das legalmente previstas no CCP.

[161] Cf. nº 1 do art.º 115; al. o) do 1 do art.º 132º; al. H) do nº 2 do art.º 189º; nº 2 do art.º 254.

[162] O que corresponde ao regime geral da prestação de garantias em sede fiscal, previsto no art.º 199 do Cód. de Procedimento e de Processo Tributário.

[163] Cf. art.º 295º

relativas à prestação da caução são da responsabilidade do adjudicatário (nº 9 do art.º 90º).

Refira-se ainda que, havendo lugar à celebração de contrato escrito, deve ser feita menção à caução no seu clausulado (alínea g) do nº 1 do art.º 96º), sob pena de nulidade do contrato (nº 7 do art.º 96º).

Caso o adjudicatário não preste caução por motivo que lhe seja imputável, a adjudicação caduca, sendo adjudicada a proposta ordenada na posição seguinte (nº 1 e 2 do art.º 91º). Caso se trate de empreitada ou concessão de obras públicas, a não prestação de caução deverá ser comunicada ao IMPIC (nº 3 do art.º 90º), para efeitos de instauração de processo contra-ordenacional, já que se trata de uma contraordenação grave prevista na alínea a) do art.º 457º.

12.2.2. Substituição, liberação e execução da caução

Sendo prestada a caução e celebrado o contrato, o cocontratante pode requerer a substituição da caução (por outra das modalidades previstas no art.º 90º) e a entidade adjudicante pode autorizar, desde que fiquem salvaguardados os pagamentos já efetuados e da substituição não resulte diminuição das garantias do contraente público (art.º 294º).

O regime de liberação da caução deve ser estabelecido no contrato, não podendo as partes proceder a alterações ao acordado durante a execução contratual, exceto quando ocorra uma modificação do contrato que, por sua vez, justifique a alteração do regime de liberação da caução (nº 1 do art.º 295º).

A liberação da caução ocorre de um dos seguintes modos (art.º 295º):

- Caso a caução tenha sido prestada para garantir adiantamentos de preço, deve a mesma ser liberada progressivamente, à medida que forem entregues ou prestados os bens ou serviços correspondentes ao pagamento adiantado que o contraente público tenha efetuado;
- Caso o contrato não contemple obrigações de correção de defeitos pelo cocontratante, nomeadamente obrigações relativas a garantias, a caução deve ser liberada pelo contraente público, no prazo de 30 dias, após o cumprimento de todas as obrigações do cocontratante;
- Caso o contrato contemple obrigações de correção de defeitos por parte do cocontratante, nomeadamente obrigações de garantia, a liberação ocorrerá de acordo com o prazo dessas obrigações:

  - Obrigações de garantia por prazo igual ou inferior a dois anos, a caução deverá ser liberada pelo contraente público no prazo de 30 dias após o cumprimento de todas as obrigações do cocontratante;
  - Obrigações de garantia por prazo superior a dois anos, a caução será liberada pelo contraente público nos seguintes termos:
    - 30% do valor da caução, no final do primeiro ano;
    - 30% do valor da caução, no final do segundo ano;
    - 15% do valor da caução, no final do terceiro ano;
    - 15% do valor da caução, no final do quarto ano;
    - 10% do valor da caução, no final do quinto ano.
- Contratos sujeitos a diferentes prazos de garantia, nos termos do nº 2 do art.º 397º (garantia da obra) e com receções provisórias e definitivas parciais, a liberação da caução é feita na proporção do valor respeitante a cada um dos conjuntos que compõem a obra.

A liberação da caução, quando há obrigações de garantia, apenas pode ocorrer quando não existam defeitos na prestação do cocontratante, ou quando este tenha corrigido os defeitos detetados até ao momento dessa liberação, ou quando os defeitos detetados sejam considerados, pelo contraente público, de pequena importância (nº8 do art.º 295º).

Caso o contraente público não respeite os prazos definidos para liberação da caução, o cocontratante pode notificá-lo para que cumpra essa obrigação, ficando autorizado a promover essa liberação caso o contraente público não o faça no prazo de 15 dias após a referida notificação, conferindo ainda, ao cocontratante, direito a indemnização pelos encargos adicionais resultantes da manutenção da caução por período superior ao devido (nº 9 e 10 do art.º 295º).

A liberação da caução resulta assim da inexistência de defeitos detetados na prestação do cocontratante, ou da correção daqueles que tenham sido detetados até ao momento da liberação da caução. Pelo contrário, verificando-se a violação das obrigações contratuais ou legais do cocontratante, o contraente público pode executar a caução para satisfação de quaisquer importâncias que se mostrem devidas, nomeadamente por aplicação de sanções pecuniárias contratuais, prejuízos decorrentes de incumprimento contratual ou aplicação de cláusulas penais fixadas no contrato (nº 1 do art.º 296º).

Salienta-se o facto do contraente público poder acionar a caução por mera declaração de vontade, não necessitando de qualquer decisão prévia judicial ou arbitral[164]. Também não é indispensável a resolução do contrato para execução da caução, podendo ser executada total ou parcialmente para cobrir os danos nos termos já referidos do nº 1 do art.º 296º, devendo o cocontratante, nos termos do nº 2 do mesmo artigo, repor o valor da caução no prazo de 15 dias após notificação do contraente público para esse efeito[165].

164 Ao contrário das declarações do contraente público sobre interpretação ou execução do contrato que, nos termos do nº 1 do art.º 307º, carecem de intervenção do Tribunal Administrativo.

165 Cf. art.º 333, relativo à resolução sancionatório do contrato.

Capítulo 13
O contrato

O contrato administrativo é, segundo Marcelo Rebelo de Sousa, "um acordo de vontades que visa a produção de efeitos sobre uma relação jurídica administrativa"[166]. O nº 1 do art.º 280º do CCP define-o como:

> *(...) o acordo de vontades, independentemente da sua forma ou designação, em que pelo uma das partes seja um contraente público e que se integre em qualquer uma das seguintes categorias:*
>
> *a) Contratos que, por força do presente Código, da lei ou da vontade das partes, sejam qualificados como contratos administrativos ou submetidos a um regime substantivo de direito público;*
>
> *b) Contratos com objeto passível de ato administrativo e demais contratos sobre o exercício de poderes públicos;*
>
> *c) Contratos que confiram ao cocontratante direitos especiais sobre coisas públicas ou o exercício de funções dos órgãos do contraente público;*
>
> *d) Contratos que a lei submeta, ou que admita que sejam submetidos, a um procedimento de formação regulado por normas de direito público e em que a prestação do cocontratante possa condicionar ou substituir, de forma relevante, a realização das atribuições do contraente público.*

[166] Sousa & Matos, 2010: 274.

O contrato administrativo tem assim uma natureza bilateral, já que exige a convergência de duas ou mais vontades contrapostas; em que pelos menos uma das partes é um contraente público na aceção do art.º 3º do CCP; que visa produzir efeitos "sobre uma relação jurídica administrativa"[167].

O contrato celebrado na sequência de procedimento pré-contratual, em regra, deve ser reduzido a escrito (nº 1 do art.º 94º). No entanto, poderá não ser reduzido a escrito nos seguintes casos (nº 1 do art.º 95º):

- Contrato de locação ou de aquisição de bens móveis ou de aquisição de serviços, cujo preço contratual não exceda 10.000€;
- Locação ou aquisição de bens móveis ou aquisição de serviços ao abrigo de um contrato público de aprovisionamento;
- Locação ou aquisição de bens móveis ou aquisição de serviços quando:
  i. O fornecimento dos bens ou a prestação dos serviços ocorra no prazo máximo de 20 dias a contar da data de prestação da caução ou, se esta não for exigida, da data da notificação da adjudicação;
  ii. A relação contratual se extinga com o fornecimento dos bens ou com a prestação dos serviços; **e**
  iii. O contrato não esteja sujeito a fiscalização prévia do Tribunal de Contas; **ou**
  iv. Se trate de contrato de empreitada de obras públicas de complexidade técnica muito reduzida e cujo preço contratual não exceda 15.000€.

A redução do contrato a escrito pode ainda ser dispensada por motivos de segurança pública interna ou externa; quando seja adotado um concurso público urgente; ou por motivos de urgência imperiosa resultante de acontecimentos imprevisíveis pela entidade adjudicante, em que seja necessário dar imediata execução ao contrato (nº 2 do art.º 95º).

Quando seja dispensada a redução do contrato a escrito ou a mesma não seja exigida, o contrato resultará da conjugação do caderno de encargos com a proposta adjudicada (nº 3 do art.º 95º). Neste caso, a execução do contrato não poderá ocorrer antes de decorrido um prazo de 10 dias a contar da notificação da adjudicação e têm que estar cumpridas as obrigações do

[167] Cf. Sousa & Matos, 2010.

adjudicatário no que respeita à apresentação dos documentos de habilitação, à prestação da caução e, se for o caso, constituída a sociedade comercial nos termos exigidos nas peças do procedimentos[168].

13.1. Conteúdo do contrato e aprovação da minuta

O nº 1 do art.º 96º identifica os aspetos que devem integrar o contrato quando este é reduzido a escrito, sob pena de nulidade (nº 7 do art.º 96º).

Tabela 31 – **Elementos obrigatórios do contrato**

<table>
<tr><th colspan="3">Nº 1 do art.º 96º – Elementos obrigatórios do contrato</th></tr>
<tr><td>a)</td><td>Identificação das partes e dos respetivos representantes, com indicação dos atos que os habilitem para esse efeito e a que título intervêm</td><td rowspan="9">Nº 7 do art.º 96º

A ausência de algum destes elementos implica a nulidade do contrato</td></tr>
<tr><td>b)</td><td>Indicação do ato de adjudicação e do ato de aprovação da minuta do contrato, com referência, nomeadamente, à data e ao órgão realizou esses atos</td></tr>
<tr><td>c)</td><td>Descrição do objeto do contrato</td></tr>
<tr><td>d)</td><td>Preço contratual ou o preço a receber pela entidade adjudicante</td></tr>
<tr><td>e)</td><td>Prazo de execução das principais prestações objeto do contrato</td></tr>
<tr><td>f)</td><td>Os ajustamentos aceites pelo adjudicatário</td></tr>
<tr><td>g)</td><td>A referência à caução prestada pelo adjudicatário, designadamente o valor e modo de prestação da mesma</td></tr>
<tr><td>h)</td><td>Se aplicável, a classificação orçamental da dotação por onde será satisfeita a despesa inerente ao contrato. Caso a despesa seja plurianual, indicação da disposição legal habilitante ou do plano plurianual legalmente aprovado de que o contrato em causa constitui execução, ou ainda do instrumento que autoriza aquela repartição de despesa</td></tr>
<tr><td>i</td><td>A identificação do gestor do contrato em nome da entidade adjudicante, como previsto no 290º-A</td></tr>
</table>

Deverão ainda ser incluídas no contrato, eventuais condições de modificação do mesmo que tenham sido expressamente previstas no caderno

[168] Ver nº 4 do art.º 95º. O prazo de 10 dias não é aplicável quando não tenha havido publicação de anúncio no JOUE, o contrato seja celebrado ao abrigo de acordo-quadro ou só tenha sido apresentada uma proposta.

de encargos, incluindo cláusulas de revisão ou opção, "claras, precisas e inequívocas" (alínea j) do nº 1 do art.º 96º).

Fazem parte integrante do contrato (nº 2 do art.º 96º):

- O suprimento dos erros e das omissões do caderno de encargos identificados pelos concorrentes, caso tenham sido expressamente aceites pelo órgão competente para a decisão de contratar;
- Os esclarecimentos e as retificações relativos ao caderno de encargos;
- O caderno de encargos;
- A proposta adjudicada;
- Os esclarecimentos sobre a proposta adjudicada que tenham sido prestados pelo adjudicatário.

O contrato resulta assim da fusão do caderno de encargos e da proposta. Em caso de divergência entre os documentos que integram o contrato, a sua prevalência é determinada pela ordem em que são indicados e, caso haja divergência entre estes e o conteúdo do contrato, prevalecem aqueles (nº 5 e 6 do art.º 96º)[169].

O contrato deverá ter correspondência com o caderno de encargos, considerando que este é, nos termos do nº 1 do art.º 42º, a peça do procedimento que contém as cláusulas a incluir no contrato a celebrar, pelo que este fica balizado desde o início do procedimento no que respeita a aspetos técnicos, económicos e jurídicos. Esta delimitação é relevante, já que nos termos do nº 3 do art.º 96º, a entidade adjudicante pode reproduzir no contrato o próprio caderno de encargos, completando apenas os elementos relativos à identificação das partes, referência à adjudicação e aprovação da minuta, preço e prazo de execução.

Havendo redução do contrato a escrito, a minuta deste deve ser aprovada pelo órgão competente para contratar, em simultâneo com a decisão de adjudicação (nº 1 do art.º 98º).

Em termos processuais, significa que o relatório final de avaliação do júri e a proposta de adjudicação, ao serem remetidas ao órgão competente para contratar, devem ser acompanhadas da minuta do contrato. Como

[169] Exceto quando tenha havido lugar a ajustamentos nos termos do art.º 99º ou a minuta tenha sido aceite nos termos do art.º 101º.

referido, a indicação do ato de aprovação da minuta deve constar do próprio contrato, sob pena de nulidade do mesmo (alínea b) do nº 1 do art.º 96º).

A aprovação da minuta do contrato tem como objetivo expresso (nº 3 do art.º 98º) atestar a conformidade do seu conteúdo com a decisão de contratar e com os documentos que o integram.

A entidade adjudicante pode propor ajustamentos ao contrato, desde que tenham como fundamento o interesse público e dos mesmos não resultassem alterações na ordenação das propostas, caso tivessem sido feitos nas propostas não adjudicadas (nº 1 do art.º 99º).

Por ajustamentos, consideramos condições ou termos inseridos no clausulado e que não se encontram previstas nas peças do procedimento ou na proposta do adjudicatário, não podendo estes implicar a violação de parâmetros base fixados no caderno de encargos, nem a dos aspetos não submetidos à concorrência, nem a inclusão de soluções propostas por outros concorrentes (nº 2 do art.º 98º).

O adjudicatário deve ser notificado da aprovação da minuta e dos ajustamentos feitos à mesma (art.º 100º). Os ajustamentos ao contrato, quando aceites pelo adjudicatário, devem ser notificados a todos os concorrentes cujas propostas não tenham sido excluídas (art.º 103º), reforçando-se assim o princípio da transparência.

A aceitação da minuta pode ser expressa ou tácita, caso o adjudicatário não apresente reclamação no prazo de 5 dias após a notificação, sendo esse prazo de apenas 2 dias no caso do ajuste direto ou consulta prévia (art.º 101º).

O adjudicatário pode reclamar da minuta do contrato (nº 1 do art.º 102º), caso a mesma preveja obrigações que não constem ou contradigam os documentos que integram o contrato[170]. Caso não aceite os ajustamentos propostos não necessita de fundamentar essa rejeição, já que os ajustamentos que sejam rejeitados pelo adjudicatário não podem fazer parte do contrato (nº 3 do art.º 102º).

A decisão sobre as reclamações deve ser notificada ao adjudicatário no prazo de 10 dias, equivalendo o silêncio à rejeição da reclamação (nº 4 do art.º 102º). Apesar de não se encontrar previsto no CCP, entendemos que sendo deferida a reclamação, deverá haver lugar a notificação de nova versão

[170] Cf. nº 2 do art.º 96º. Nesta situação, o adjudicatário deve, na reclamação, identificar as cláusulas de que reclama e indicar os respetivos fundamentos.

da minuta expurgada dos elementos alvo da reclamação, que permita ao adjudicatário atestar a conformidade da mesma[171].

13.2. Outorga do contrato

Sendo a minuta do contrato aceite, é chegada a fase de outorga do contrato, que deverá ocorrer no prazo de 30 dias após essa aceitação (expressa ou tácita, como previsto no art.º 101º). No entanto, para outorga do contrato é necessário que previamente (nº1 do art.º 104º):

b) Tenham decorrido 10 dias após a data da notificação a todos dos concorrentes da decisão de adjudicação. Este prazo só não será aplicável quando (nº 2 do art.º 104º):
   i. O contrato tenha sido celebrado ao abrigo de ajuste direto, consulta prévia ou, no caso de outro procedimento, não tenha existido publicação no JOUE;
   ii. O contrato seja celebrado ao abrigo de acordo-quadro cujos termos abranjam todos os seus aspetos, ou tenha sido celebrado apenas com uma entidade;
   iii. Só tenha sido apresentada uma proposta.

c) Tenham sido apresentados todos os documentos de habilitação necessários;

d) Tenha sido comprovada a apresentação de caução, quando esta seja exigida;

e) Tenham sido confirmados os compromissos assumidos por terceiras entidades relativos a atributos, termos ou condições da proposta adjudicada.

Caso a entidade adjudicante não outorgue o contrato neste prazo de 30 dias por facto que lhe seja imputável, o adjudicatário pode desvincular-se da proposta por si apresentada, sendo a entidade adjudicante obrigada a libertar a caução. O adjudicatário pode exigir o ressarcimento dos encargos que tenha tido com a elaboração da proposta (nº 3 do art.º 105º) ou, em alternativa, exigir judicialmente a celebração do contrato (nº 4 do art.º 105º).

[171] Neste sentido cf. Oliveira & Oliveira, 2011: 1084.

A entidade adjudicante deve notificar o adjudicatário, com um mínimo de 5 dias de antecedência, da data, hora e local em que ocorrerá a assinatura presencial do contrato (alínea a) do nº 3 do art.º 104º). Caso a assinatura ocorra apenas por meios eletrónicos, o prazo para outorga e remessa do contrato não poderá ser inferior a 3 dias (alínea b) do nº 3 do art.º 104º).

Caso o adjudicatário não compareça no dia, hora e local fixados para a outorga do contrato, ou não o remeta assinado eletronicamente no prazo estabelecido por facto que lhe seja imputável, há lugar à caducidade da adjudicação, nos termos do nº 1 do art.º 105º. A adjudicação caduca igualmente caso o adjudicatário seja um agrupamento e este não esteja devidamente constituído.

A competência para representar a entidade adjudicante na outorga do contrato, nos termos do art.º 106º, cabe ao órgão competente para a decisão de contratar. Tratando-se de um órgão colegial a representação compete ao presidente desse órgão, com possibilidade de delegação.

13.3. O gestor do contrato no CCP

Entre as alterações introduzidas no CCP pelo D.L. nº 111-B/2017, de 31 de agosto, encontra-se a criação da figura do gestor do contrato (art.º 290º-A), a quem compete acompanhar quantitativa e qualitativamente a execução do contrato. Tem a particular responsabilidade de comunicar ao órgão competente qualquer desvio, defeito ou outras anomalias na execução contratual.

O contraente público deve designar um gestor cuja identidade a alínea i) do nº 1 do art.º 96.º do CCP, prevê que conste do próprio contrato, para as seguintes situações elencadas no art.º 290º-A:

- Quando se trate de contratos com especiais características de complexidade técnica ou financeira ou de duração superior a três anos. O gestor deve elaborar indicadores de execução quantitativos e qualitativos adequados a cada tipo de contrato que permitam, entre outros aspetos, medir os níveis de desempenho do cocontratante, a execução financeira, técnica e material do contrato.
- Caso o gestor detete desvios, defeitos ou outras anomalias na execução do contrato, deve comunicá-los de imediato ao órgão competente, propondo em relatório fundamentado as medidas corretivas que, em cada caso, se revelem adequadas.

Consideramos que a função do gestor do contrato deverá integrar as seguintes vertentes:

- Vertente jurídica – avaliação do cumprimento integral do clausulado do contrato e de todas as peças que o integram e demais normas legais aplicáveis ao caso concreto;
- Vertente operacional – avaliação dos fornecimentos efetuados e da sua conformidade com o contrato (nomeadamente quantidades, características e qualidade dos bens ou serviços contratados, cumprimento dos prazos de entrega);
- Vertente financeira – cumprimento do cronograma financeiro, alterações aos valores cabimentados, prazos de pagamento, atrasos, juros de mora, cauções ou garantias e a sua libertação, registos no portal Base.gov e publicitação do sítio da Internet da entidade adjudicante.

O CCP atribui ao gestor do contrato (art.º 290º-A) a função de elaborar os indicadores de execução quantitativos e qualitativos adequados a cada tipo de contrato. No entanto, em nosso entender, devem os organismos públicos definir e implementar modelos objetivos de avaliação, que lhes permitam um acompanhamento permanente dos fornecedores e dos contratos celebrados através da figura do gestor de contrato.

O CCP não considera como critério de avaliação de propostas, o histórico de avaliação de fornecedores. No entanto, um mau desempenho pode, no limite e como já referido, levar ao impedimento de um fornecedor, impedindo-o de ser candidato em procedimentos pré-contratuais, como referido no capítulo relativo aos *Impedimentos*, o que reforça a importância do papel do gestor do contrato[172].

13.4. Resolução sancionatória por incumprimento do cocontratante

Nos termos do art.º 318º-A o contrato pode prever que em caso de incumprimento pelo cocontratante das suas obrigações (incumprimento esse que reúna os pressupostos para a resolução do contrato), ocorra a cedência da posição contratual ao concorrente classificado em segundo lugar (ou outro por ordem sequencial) no procedimento pré-contratual na sequência do qual foi celebrado o contrato em execução.

[172] Ver cap. 8.1.1, relativo aos impedimentos.

O art.º 333º do CCP prevê as situações em que o contraente público pode recorrer à resolução sancionatória por incumprimento do cocontratante:

- Incumprimento definitivo do contrato por facto imputável ao cocontratante;
- Incumprimento de ordens ou instruções transmitidas no exercício do poder de direção sobre matéria relativa à execução contratual;
- Oposição reiterada ao exercício dos poderes de fiscalização do contraente público;
- Cessão da posição contratual ou subcontratação, incumprindo os termos e limitações legais ou contratuais;
- Quando o valor acumulado de sanções pecuniárias contratuais aplicadas ao cocontratante, excedam 20% do preço contratual;
- Incumprimento de decisões judiciais ou arbitrais;
- Não renovação do valor da caução;
- Apresentação à insolvência ou declaração desta pelo tribunal.

Pode ainda, caso esteja previsto no contrato (art.º 318º-A), obrigar à cessão da posição contratual do cocontratante ao concorrente que, no procedimento pré-contratual, tenha ficado classificado em segundo lugar.

O recurso a este mecanismo sancionatório carece de fundamentação, reforçando assim o papel do gestor do contrato, a quem compete o acompanhamento da execução do contrato com base em indicadores objetivos.

Capítulo 14
Gestão de Informação e arquivos

No art.º 107º encontra-se prevista a obrigatoriedade da entidade adjudicante conservar, pelo prazo de 4 anos a contar da data de celebração do contrato, toda a documentação relativa ao procedimento de formação do mesmo. O objetivo expresso é permitir justificar as decisões relativas ao procedimento e ao contrato celebrado e fornecer à Comissão Europeia, caso esta o solicite, esclarecimentos sobre os mesmos.

A guarda e manutenção dos arquivos é matéria geralmente pouco valorizada. No entanto, há que considerar que as informações produzidas por uma organização pública no cumprimento das suas obrigações estatutárias ou legais, constituem documentos de aquivo cuja gestão e guarda para que sejam acessíveis para uso próprio ou dos cidadãos, assume a maior importância, visando proteger direitos e obrigações e salvaguardar a própria identidade nacional.

A eliminação de documentos da administração pública cumpre um normativo legal próprio e é tutelado pela entidade coordenadora da política nacional de arquivos: a Direção-Geral do Livro, dos Arquivos e das Bibliotecas (DGLAB)[173].

Este organismo determina as designadas tabelas de seleção, em resultado da avaliação arquivística realizada e que determinam os prazos de

[173] Ver D.L. nº 447/88, de 10 de dezembro e Portaria nº 192/2012, de 19 de junho.

conservação administrativa e o destino final da informação. As tabelas de seleção podem assumir a forma de portaria de gestão de documentos ou a forma de relatório de avaliação, sendo este último utilizado em situações pontuais.

Os organismos públicos dispõem assim, em regra, de portarias de gestão de documentos publicadas ao abrigo do D.L. nº 447/88, de 10 de dezembro, que aprovam os regulamentos arquivísticos na maioria dos organismos públicos e que determinam a avaliação, seleção e eliminação dos documentos, nos quais se integram os relativos a procedimentos de formação de contratos.

Por exemplo, no que respeita às autarquias locais, a Portaria nº 412/2001, de 17 de abril, que aprova o Regulamento Arquivístico para as Autarquias Locais, com as alterações introduzidas pela Portaria nº 1253/2009, de 14 de outubro, determina que a documentação relativa a aquisições e aprovisionamento, tenha obrigatoriamente o seguinte tratamento:

Tabela 32 – **Prazos de conservação dos processos de aquisição nas autarquias locais**

Série/subsérie documental	**Prazo de conservação**	**Destino final**
Aquisição de bens e serviços por ajuste direto	10 anos	Eliminação
Aquisição de bens e serviços por concurso público	10 anos	Eliminação
Aquisição de bens e serviços por concurso limitado por prévia qualificação	10 anos	Eliminação
Aquisição de bens e serviços por procedimento de negociação	10 anos	Eliminação
Aquisição de bens e serviços por diálogo concorrencial	10 anos	Eliminação
Contratos de assistência técnica	3 anos	Eliminação
Duplicados de requisições internas	3 anos	Eliminação
Guias de movimento de materiais em armazém	3 anos	Eliminação
Inventário de bens em armazém	10 anos	Eliminação
Notas de devolução interna	3 anos	Eliminação
Notas de encomenda	5 anos	Eliminação
Pedidos de aquisição	5 anos	Eliminação
Publicidade de fornecedores	3 anos	Eliminação
Registos de fornecedores	10 anos	Eliminação
Registos de processos de aquisição de bens e serviços	5 anos	Conservação
Requisições internas	3 anos	Eliminação

Já nos hospitais do Serviço Nacional de Saúde, por exemplo, a matéria relativa à avaliação, seleção, transferência, incorporação em arquivo definitivo, substituição de suporte e eliminação da documentação, encontra-se prevista no regulamento arquivístico aprovado pela Portaria nº 247/2000, de 8 de maio, com as alterações introduzidas pela Portaria n.º 157/2014, de 19 de agosto. No que respeita a documentação relativa a procedimentos para formação de contratos, sintetiza-se o tratamento previsto:

Tabela 33 – **Prazos de conservação dos processos de aquisição nos hospitais do SNS**

Séries e subséries documentais	Prazo de conservação	Destino final	Observações
Processos de aquisição de bens e serviços	10 anos	Conservação	
Obras com os respetivos contratos	10 anos	Conservação	
Pedidos de compra	2 anos	Eliminação	Caso a informação possa ser recuperada através dos processos de aquisição.
Notas de encomenda	5 anos	Eliminação	Caso a informação possa ser recuperada a partir dos mapas produzidos pelas aplicações informáticas.
Requisições de serviços	2 anos	Eliminação	Se a supressão não puser em causa a compreensão global do fundo de arquivo.
Ficheiro de fornecedores	10 anos	Conservação	
Mapas produzidos pelas aplicações informáticas	5 anos	Conservação	

Destes dois exemplos retira-se que não há um tratamento uniforme na Administração Pública, no que respeita ao tratamento da documentação e informação relativa a procedimentos de formação de contratos, pelo que há a necessidade de cada organismo público aferir, em concreto, qual o regulamento arquivístico que lhe é aplicável e implementar o modelo de gestão documental correspondente. É de referir que se prevê a publicação de novas portarias de gestão de informação em 2019, em uniformidade com os instrumentos de classificação de documentos.

As portarias de gestão de documentos atualmente em vigor são identificadas na tabela seguintes.

Tabela 34 – **Portarias de gestão de documentos**

Portarias de gestão de documentos publicadas ao abrigo do Decreto-Lei n.º 447/88, de 10 de dezembro	**Data**
Portaria n.º 722/91 – Serviço de Estrangeiros e Fronteiras	24/07/91
Portaria n.º 835/91 – Direcção-Geral dos Cuidados de Saúde Primários e das Administrações Regionais de Saúde	16/08/91
Portaria n.º 1125/91 – Maternidade do Dr. Alfredo da Costa	30/10/91
Portaria n.º 102/94 – Hospital Distrital de Viana do Castelo	10/02/94
Portaria n.º 217/94 – Serviços Municipalizados de Água e Saneamento da Câmara Municipal de Almada	13/04/94
Portaria n.º 681/94 – Hospital de Egas Moniz	22/07/94
Portaria n.º 707/95 – Secretaria-Geral do Ministério da Saúde	04/07/95
Portaria n.º 454/96 – Serviço Nacional de Bombeiros	09/09/96
Portaria n.º 360/98 – Direcção-Geral de Viação	26/06/98
Portaria nº 938/99 – Comissão de Aplicação de Coimas em Matéria Económica e da Comissão de Aplicação de Coimas em Matéria de Publicidade	23/06/99
Portaria n.º 456/99 – Governos Civis	04/09/99
Portaria n.º 1003/99 – Tribunais Judiciais	10/11/99
Portaria n.º 247/2000 – Hospitais e Serviços de Saúde do Ministério da Saúde	08/05/00
Portaria n.º 272/2000 – Exército	22/05/00
Portaria n.º 1183/2000 – Departamento de Prospectiva e Planeamento do Ministério do Planeamento	18/12/00
Portaria n.º 1185/2000 – Secretaria-Geral do Ministério da Cultura	18/12/00
Portaria n.º 39/2001 – Direcção-Geral dos Serviços Prisionais	18/01/01
Portaria n.º 242/2001 – Presidência da República	22/03/01
Portaria n.º 412/2001 – Autarquias locais	17/04/01
Portaria n.º 430/2001 – Direcção-Geral do Turismo	26/04/01
Portaria n.º 686/2001 – Inspecção-Geral das Actividades Económicas	05/07/01
Portaria n.º 952/2001 – Instituto Nacional de Administração	07/08/01
Portaria n.º 525/2002 – Inspecção-Geral de Finanças	03/05/02
Portaria n.º 653/2002 – Guarda Nacional Republicana	03/05/02
Portaria n.º 1185/2002 – Direcção-Geral das Alfândegas e dos Impostos Especiais sobre o Consumo	30/08/02
Portaria n.º 726/2003 – Instituto da Conservação da Natureza	06/08/03
Portaria n.º 879/2003 – Secretaria-Geral do Ministério das Finanças	21/08/03
Portaria n.º 131/2004 – Comissão Nacional da UNESCO	09/02/04
Portaria n.º 235/2004 – Centro Nacional de Protecção Contra Riscos Profissionais	03/03/04
Portaria n.º 321/2004 – Inspecção-Geral de Administração Interna	19/03/04
Portaria n.º 509/2004 – Santa Casa da Misericórdia de Lisboa	14/05/04
Despacho Conjunto n.º 340/2004 – Tribunal de Contas e serviços de apoio	05/06/04
Portaria n.º 1264/2004 – Secretaria-Geral do ex-Ministério da Ciência e do Ensino Superior	28/09/04
Portaria n.º 1271/2004 – Instituto Superior de Ciências do Trabalho e da Empresa	06/10/04

Portaria n.º 1469/2004 – Gabinete do Secretário de Estado dos Assuntos Europeus e da Direcção-Geral dos Assuntos Comunitários	20/12/04
Portaria n.º 418/2005 – Secretaria-Geral do Ministério da Administração Interna	18/02/05
Portaria n.º 414/2005 – Secretaria-Geral da Presidência de Conselho de Ministros	13/04/05
Portaria n.º 819/2005 – Caixa de Abono de Família dos Empregados Bancários	13/09/05
Portaria n.º 1039/2005 – Inspecção-Geral das Actividades Culturais	12/10/05
Portaria n.º 1175/2005 – Instituto do Cinema, Audiovisual e Multimédia	21/11/05
Portaria n.º 1310/2005 – Estabelecimentos de Ensino Básico e Secundário	21/12/05
Portaria n.º 1327/2005 – Direcção-Geral dos Cuidados de Saúde Primários e das Administrações Regionais de Saúde	28/12/05
Portaria n.º 270/2006 – Instituto Nacional de Estatística	22/03/06
Portaria n.º 523/2006 – Direcção-Geral das Autarquias Locais	08/06/06
Portaria n.º 628/2006 – Instituto Portuário e dos Transportes Marítimos, I. P.	23/06/06
Portaria n.º 684/2006 – Secretaria-Geral do Ministério da Educação	04/07/06
Portaria n.º 1300/2006 – Secretaria-Geral do Ministério da Economia e Inovação	03/08/06
Portaria n.º 1389/2006 – Secretaria-Geral do Ministério da Justiça	12/12/06
Portaria n.º 1392/2006 – Direcção-Geral da Administração da Justiça	13/12/06
Portaria n.º 30/2007 – Transportes Aéreos Portugueses, S. A.	05/01/07
Portaria n.º 52/2007 – Secretaria-Geral do Ministério da Agricultura, do Desenvolvimento Rural e das Pescas	09/01/07
Portaria n.º 401-A/2007 – Direcção-Geral do Orçamento	05/04/07
Portaria n.º 12/2008 – Instituto Politécnico do Porto e suas escolas superiores	03/01/08
Portaria n.º 32/2008 – Direcção-Geral de Reinserção Social	11/01/08
Portaria n.º 46/2008 – Faculdade de Ciências Médicas da Universidade Nova de Lisboa	15/01/08
Portaria n.º 96/2008 – Polícia Judiciária	29/01/08
Portaria n.º 418/2008 – Direcção-Geral do Ordenamento do Território e Desenvolvimento Urbano	11/06/08
Portaria n.º 747/2008 – Direcção-Geral do Livro e das Bibliotecas	21/08/08
Portaria n.º 1220/2008 – Polícia de Segurança Pública	24/10/08
Portaria n.º 1326/2008 – Gabinete de Planeamento, Estratégia e Relações Internacionais do Ministério das Obras Públicas, Transportes e Comunicações	18/11/08
Portaria n.º 331/2009 – Autoridade Nacional do Medicamento e Produtos de Saúde, I. P.	30/03/09
Portaria n.º 536/2009 – Direcções Regionais de Educação	18/05/09
Portaria n.º 700/2009 – Direcção-Geral de Informática e Apoio aos Serviços Tributários e Aduaneiros	03/07/09
Portaria n.º 740/2009 – Direcção-Geral das Actividades Económicas	10/07/09
Portaria n.º 999/2009 – Autoridade de Segurança Alimentar e Económica	08/09/09
Portaria n.º 1253/2009 – Autarquias Locais	14/10/09
Portaria n.º 1370/2009 – Instituto do Emprego e Formação Profissional, I.P.	27/10/09
Portaria n.º 1383/2009 – Instituto da Segurança Social, I.P.	04/11/09
Portaria n.º 77/2010 – Instituto de Gestão Financeira da Segurança Social, I.P.	05/02/10
Portaria n.º 107/2010 – Secretaria-Geral do Ministério do Trabalho e da Solidariedade Social	22/02/10
Portaria n.º 231/2010 – Reitoria da Universidade Nova de Lisboa	27/04/10
Portaria n.º 755/2010 – Marinha	25/10/10

Portaria n.º 1141/2010 – Secretaria-Geral do Ministério da Justiça	03/11/10
Portaria n.º 1197/2010 – Inspecção-Geral dos Serviços de Justiça	26/10/10
Portaria n.º 116/2011 – Direcção-Geral do Tesouro e Finanças	25/03/11
Portaria n.º 194/2011 – Fundação para a Ciência e a Tecnologia, I.P.	16/05/11
Portaria n.º 167/2012 – Instituto dos Vinhos do Douro e do Porto, I.P	24/05/12
Portaria n.º 368/2013 – Tribunais Judiciais e Tribunais Administrativos e Fiscais	24/12/13
Portaria n.º 157/2014 – Hospitais e demais serviços do Ministério da Saúde – Alteração ao Regulamento Arquivístico para os Hospitais, aprovado em anexo à Portaria n.º 247/2000, de 8 de maio	19/05/14
Portaria n.º 171/2014 – Autoridade para as Condições do Trabalho	05/09/14

ANEXOS

Anexo I
Inquérito para Avaliação de fornecedores

Identificação

Denominação social / nome						
Morada / Sede					C.Pcstal	
NIF		CAE		Inicio da atividade		

Contactos

Telef.				
Telef.	/		Correio eletrónico	
Fax		Página internet		
Gestor de cliente / pessoa de contacto				

Produtos / Serviços

Tipologia de produtos / serviços que fornece	

Questionário

	Sim	Não	Em curso	N/A
A empresa está certificada? Em caso afirmativo, anexar certificado				
Tem Sistema HACCP implementado?				
Existe uma política de qualidade implementada em toda a empresa?				
Tem orgonagrama? Em caso afirmativo, anexar cópia				
Aplica sistema de avaliação do desempenho da empresa relativa à qualidade?				
Os funcionários recebem formação para as tarefas que desempenham?				
Os procedimentos estão escritos e encontram-se disponíveis aos colaboradores?				
É feito o tratamento e acompanhamento das reclamações?				
É feita a qualificação e avaliação de fornecedores?				
A rastreabilidade dos produtos comercializados é assegurada?				
É feito registo de calibrações dos equipamentos?				
Existe laboratório de apoio ao controlo de qualidade?				
Existe plano de manutenção de equipamentos, com registos das intervenções?				
Estão definidas todas as especificações dos produtos/ equipamentos?				
É feito o controlo e ensaio do produto acabado?				
Existe um gestor de cliente responsável pelo acompanhamento do contrato?				
É garantida a qualidade do produto durante o seu transporte?				

Observações

Questionário preenchido por:	**Função**	**Data e assinatura**
		__/__/__

Todas as informações recolhidas são confidenciais e serão utilizadas com o único objetivo de identificar e avaliar o fornecedor.

Anexo II
Ficha de Verificação

PROCEDIMENTO PARA FORMAÇÃO DE CONTRATOS PÚBLICOS

1. Competência

Entidade	
Órgão competente para a decisão de contratar	

2. Objeto do contrato

Objeto do contrato	

3. Despesa

<table>
<tr><th colspan="2"></th><th>Sim</th><th>Não</th></tr>
<tr><td colspan="2">O valor do contrato situa-se acima do limiar comunitário em vigor?</td><td></td><td></td></tr>
<tr><td colspan="2">Há fracionamento da despesa que possa comprometer o regime legal de autorização de despesa?</td><td></td><td></td></tr>
<tr><td rowspan="2">A autorização da despesa carece de autorização prévia, nos termos do nº 1 do art.º 6º da Lei n.º 8/2012, de 21 de fevereiro – LCPA?</td><td>Despesa plurianual.</td><td></td><td></td></tr>
<tr><td>Despesa a realizar em ano que não o da sua aprovação.</td><td></td><td></td></tr>
<tr><td colspan="2">O órgão competente para a decisão de contratar tem competência para aprovar a despesa</td><td></td><td></td></tr>
</table>

Preço base	
Data da decisão de contratar	

4. Procedimento pré-contratual e publicitação

Tipo de procedimento	Ajuste direto		
	Ajuste direto simplificado		
	Consulta prévia		
	Concurso público		
	Concurso público urgente		
	Concurso limitado por prévia qualificação		
	Procedimento de negociação		
	Diálogo concorrencial		
	Pareceria para a inovação		
	Instrumentos procedimentais especiais	Qual:	

Publicitação	Necessita de publicação no JOUE	
	Necessita de publicação em Diário da República	
	Publicitação na plataforma eletrónica	
	Por convite	

5. Preparação do procedimento

		Base legal	S	N	NA
1	A decisão de abertura do procedimento e a autorização da despesa são juridicamente válidas.	Artigos 16.º a 21.º do DL n.º 197/99. Art.º 36.º CCP			
2	Existência de acordo-quadro aplicável.	Al. c) do nº 1 do art. 25º; al. e) do nº 1 do art.º 26º; al. h) do nº 1 do art.º 27º			
3	No caso de o procedimento ter sido escolhido em função de critério material, existe base legal e factual que justifica a escolha do mesmo.	Empreitada de obras públicas: artigos 24.º, 25.º, 27ª-A Locação ou fornecimento de bens ou serviços: artigos 24.º, 26.º, 27º, 27º-A, 28º e 29.º			
4	O recurso a ajuste direto com convite a apenas uma entidade, encontra-se devidamente fundamentado.	Art.º 112º			
5	A prestação objeto do contrato esgota-se neste procedimento.	Art.º 16.º do DL n.º 197/99			
6	O procedimento respeita a regra da divisão em lotes, ou encontra-se justificada a sua não existência.	Art.º 46.º-A			
7	Existe uma descrição suficiente do objeto do procedimento no caderno de encargos, sem referência a marcas, processos, patentes, etc. que possam consubstanciar restrições indevidas à concorrência.	Art.º 42.º Art.º 49º			

		Base legal	S	N	NA
8	As peças do procedimento encontram-se devidamente elaboradas e organizadas e o processo contém todos os pareceres, licenças ou estudos legalmente exigidos.	Art. 40º a 46º. Nº 5 do art. 36º			
9	No caso de procedimento de ajuste direto ou consulta prévia, foram respeitados os limites e impedimentos quanto às entidades convidadas para apresentar proposta.	N.º 2 e nº 5 do art.º 113.º.			
10	Não se detetam situações de conflito de interesses.	Nº 5 do art.º 67			
11	O prazo mínimo previsto para apresentação de propostas / candidaturas é adequado e não é limitativo da concorrência.	Concurso público: artigos 135.º e 136.º Concurso público urgente: art. 158.º Concurso limitado por prévia qualificação: artigos 173.º e 174.º Procedimento de negociação: art. 198.º Diálogo concorrencial: art. 204.º, 173.º e 174º			
12	Critério de adjudicação: – Melhor relação qualidade-preço, composto por um conjunto de fatores e subfactores devidamente densificados e relacionados com aspetos da execução do contrato a celebrar. – O preço ou custo.	Art.º 74.º Art.º 75º			
13	O preço base definido encontra-se fundamentado, ou a sua não definição encontra-se justificada legalmente.	Art.º 47º			
14	A publicitação prevista é a adequada ao procedimento em causa .	Concurso público: art. 135.º e 136.º. Concurso público urgente: art. 158.º. Concurso limitado por prévia qualificação: art. 172º a 174.º. Procedimento de negociação: art. 198.º Diálogo concorrencial: art.º 209º e art.218º.º Pareceria para a inovação: nº 2 do art. 218º-A			

BIBLIOGRAFIA

Amaral, D. F. (1992). *Curso de Direito Administrativo* (Vol. I). Coimbra: Livraria Almedina.

Assembleia da República. (s.d.). *Constituição da República Portuguesa.* Obtido em 15 de Maio de 2013, de Assembleia da República: http://www.parlamento.pt/Legislacao/Documents/constpt2005.pdf

associados, J. C. (1999). *ABC das Fusões e Aquisições.* Lisboa: IAPMEI.

Azevedo, A. (2007). *Administração Pública – Modernização Administrativa.* Porto: Vida Económica.

Bernardino, M. (2012). *As compras e a Gestão de MateriaiC.* Coimbra: Almedina.

Bilhim, J. (2008). *Ciência da Administração* (2ª ed.). Lisboa, Portugal: Universidade Aberta.

Carvalho, J. C. (2004). *A lógica da logística.* Lisboa: Edições Sílabo.

Carvalho, J. C., & Encantado, L. (2006). *Logística e Negócio Electrónico.* Porto: SPI – Sociedade Portuguesa de Inovação.

Carvallho, J. C. (2006). *Negociação.* Lisboa: Edições Sílabo.

Caupers, J. (1998). *Direito Administrativo* (3ª ed.). Lisboa: Editorial Noticias.

Gorjão-Henriques, M. (2011). *Tratado de Lisboa.* Coimbra: Edições Almedina, S.A.

Hood, C. (Primavera de 1991). A Public Management for all seasons. *Public Administration, 69,* pp. 3-19.

Majone, G. (Maio de 1997). From the Positive to the Regulatory State: Causes anda Consequences in the Mode of Governance. *Journal of Public Policy, 17,* 139-167.

Marques, R. C. (2005). *Regulação de Serviços Públicos* (1ª edição ed.). Lisboa: Edições Sílabo, Lda.

Mateus, A. (13 de Janeiro de 2006). *Ordem dos Advogados Portugueses.* Obtido em 18 de Janeiro de 2012, de Ordem dos Advogados Portugueses: http://www.oa.pt/Conteudos/Artigos/detalhe_artigo.aspx?idc=31559&idsc=54103&ida=54128

Oliveira, M., & Oliveira, R. (2011). *Concursos e outros procedimentos de contratação pública.* Coimbra: Almedina.

Pinto, J. (2006). *Gestão de operações na indústria e serviços.* Lisboa: Lidel.

Pinto, J. (2009). *Pensamento Lean – A Filosofia das Organizações Vencedoras.* Lisboa: Lidel.

Reis, L. (2005). *Manual da Gestão de Stocks.* Lisboa: Editorial Presença.

Reis, L., & Paulino, A. (1994). *Gestão dos Stocks e Compras.* Lisboa: Editora Internacional.

Rocha, J. A. (2011). *Gestão Pública. Teorias, modelos e práticas.* Escolar Editora.

Rodrigues, E. R. (2007). O paradigma político da União Europeia e os serviços de interesse económico geral: um desafio à criatividade concorrencial dos Estados. *Revista Portuguesa de Management, Nº 1,* 31 – 48.

Rodrigues, E. R. (2008). *Politicas Públicas de Promoção da Concorrência.* Lisboa: ISCSP.

Rodrigues, E. R. (2010). *Instituições e Políticas de Regulação.* Lisboa: Instituto Superior de Ciências Sociais e Políticas.

Silvestre, H. C. (2010). *Gestão Pública, Modelos de Prestação no Serviço Público.* Lisboa: Escolar Editora.

Sousa, M. R., & Matos, A. S. (2010). *Direito Administrativo Geral* (2ª ed., Vol. III). Alfragide: Publicações Dom Quixote.

ÍNDICE

ANEXOS